D1997042

KOPIERVORLAGEN

Johann Wolfgang Goethe

Iphigenie auf Tauris

Herausgegeben von Florian Radvan und Anne Steiner
Bearbeitet von Daniela A. Frickel und Thomas Mayerhofer

Cornelsen

Kopiervorlagen für die Sekundarstufe II

Die Seiten- und Zeilenangaben im vorliegenden Heft beziehen sich auf folgenden Textband:
Johann Wolfgang Goethe: Iphigenie auf Tauris. Berlin: Cornelsen Schulverlage GmbH 2013
(*Cornelsen Literathek*, ISBN 978-3-06-060329-9).

Redaktion Mareike Zastrow

Layout und technische Umsetzung FKW, Berlin

Umschlaggestaltung HOX designgroup, Kay Bach, Köln

www.cornelsen.de

Dieses Werk berücksichtigt die Regeln der reformierten Rechtschreibung und Zeichensetzung.
Ausnahmen bilden Originaltexte, bei denen lizenzrechtliche Gründe einer Änderung entgegenstehen.

Die Webseiten Dritter, deren Internetadressen in diesem Lehrwerk angegeben sind, wurden vor Drucklegung sorgfältig geprüft. Der Verlag übernimmt keine Gewähr für die Aktualität und den Inhalt dieser Seiten oder solcher, die mit ihnen verlinkt sind.

1. Auflage, 2. Druck 2019

Alle Drucke dieser Auflage sind inhaltlich unverändert
und können im Unterricht nebeneinander verwendet werden.

Druck: Esser printSolutions GmbH, Bretten

ISBN 978-3-06-060314-5

Inhalt

Cornelsen Literathek – Vorwort

Mit den Kopiervorlagen für den Unterricht bietet die Cornelsen Literathek alles für einen gelungenen Deutschunterricht: Abwechslungsreich, methodisch vielfältig und kompetenzorientiert regen die Materialien zu einer vertieften Auseinandersetzung mit wichtigen Texten der deutschsprachigen Literatur an und ermöglichen eine gezielte Vorbereitung auf Klassenarbeiten, Klausuren oder das Abitur.

Neben zwei vorangestellten werkunabhängig einsetzbaren Kopiervorlagen enthält jeder Band der Reihe Materialien und Vorschläge zu sieben Schwerpunkten, die unterschiedliche Zugänge zur Lektüre ermöglichen und zu einer intensiven und variantenreichen Analyse und Interpretation des literarischen Textes auffordern. Mit ihrer Hilfe lassen sich Kompetenzen vermitteln, die auch für die Lektüre anderer literarischer Texte wichtig sind.

Die erste der beiden **werkunabhängigen Kopiervorlagen** verdeutlicht die Arbeitsschritte, die beim **Vorbereiten einer Facharbeit** zu durchlaufen sind. Sie bietet eine Orientierungshilfe und unterstützt das selbstständige Arbeiten der Schüler/innen. Die zweite schult grundlegende Kompetenzen im **Umgang mit Hörtexten**, trainiert das gestaltende Vorlesen und macht bewusst, dass jeder Medienwechsel eine Interpretationsleistung bedeutet.

Auf den Kopiervorlagen zu **Einstieg und Inhaltssicherung** finden sich verschiedene Vorschläge, wie erste Eindrücke aus der Lektüre des Dramas gebündelt, strukturiert und verglichen werden können. Die Materialien und Aufgaben erlauben jedoch auch ein verzögertes Lesen und wecken Lesemotivation.

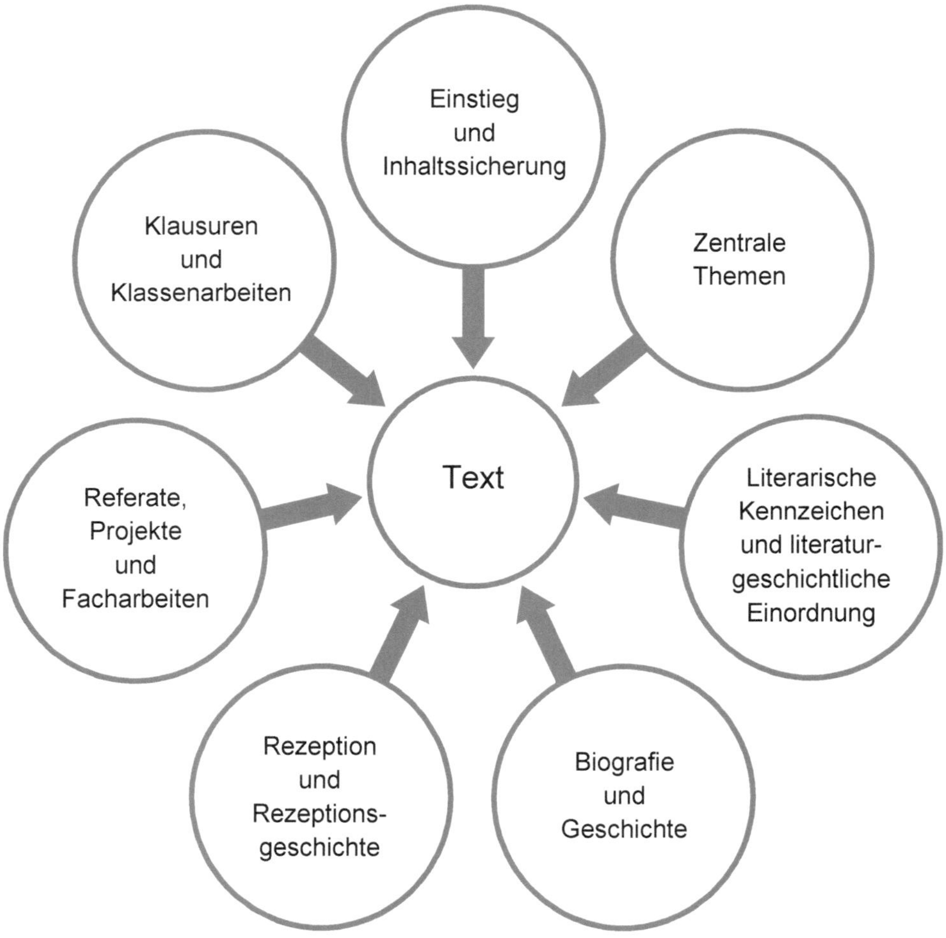

In den **Zentralen Themen** werden die sozialen und gesellschaftlichen Aspekte erklärt, die in Goethes *Iphigenie auf Tauris* eine wichtige Rolle spielen. Die Schüler/innen erarbeiten Hintergrundinformationen, die das Verstehen des Dramas erleichtern.

Im Schwerpunkt **Literarische Kennzeichen und literaturgeschichtliche Einordnung** steht die Textstruktur im Vordergrund.

Die Kopiervorlagen zu **Biografie und Geschichte** regen dazu an, die Lebensumstände Goethes in die Auseinandersetzung mit dem Text einzubeziehen und sich mit den sozialen und gesellschaftlichen Entwicklungen seiner Zeit vertraut zu machen.

Dass Fragen zur **Rezeption und Rezeptionsgeschichte** spannend sind, verdeutlicht ein Blick auf die Editionsgeschichte des Dramas und auf unterschiedliche Bearbeitungen des antiken Mythos, angefangen von Euripides bis hin zu modernen Adaptionen.

Unter **Referate, Projekte und Facharbeiten** finden sich Themenvorschläge für Schülerreferate und Projektarbeiten.

Die Kopiervorlagen mit **Klausuren und Klassenarbeiten** können unmittelbar für eine Leistungsüberprüfung eingesetzt werden. Sie enthalten u. a. einen Ausschnitt aus *Iphigenie auf Tauris*, der gut für eine Verstehens- und Darstellungsleistung geeignet ist, und berücksichtigen auch einen literaturwissenschaftlichen Sachtext zu einem Schwerpunkt-Thema der *Iphigenie* – dem Wahrheitsbegriff.

Alle Kopiervorlagen können unabhängig voneinander eingesetzt werden. Jedes Arbeitsblatt wird von einer Seite mit didaktischem Kommentar und Lösungsvorschlägen begleitet, was eine einfache Orientierung und schnelle Unterrichtsvorbereitung ermöglicht.

Die **CD-ROM** bietet alle **Kopiervorlagen** in **editierbarer Form** sowie den **vollständigen Text** der *Iphigenie auf Tauris*. So können Aufgabenstellungen auf den Kopiervorlagen passgenau auf die eigene Lerngruppe abgestimmt und Textausschnitte für Klassenarbeiten oder Klausuren direkt dem Text entnommen werden. Zudem enthält die CD-ROM eine **Lesung** ausgewählter Textstellen, sodass eine Textbegegnung auch über das Hören ermöglicht wird und zentrale hörästhetische Fragestellungen in den Literaturunterricht integriert werden können.

Für den Einstieg in die Unterrichtsreihe zu *Iphigenie auf Tauris* findet sich auf der CD-ROM außerdem eine **PowerPoint-Präsentation** zum direkten Einsatz im Unterricht.

Den Schreibprozess planen – Eine Facharbeit verfassen

1 THEMENFINDUNG

- Clustering, Mindmapping, Brainstorming
- Beratungsgespräch mit der Lehrerin bzw. dem Lehrer
- …

2 FORMULIERUNG DES THEMAS (Arbeitstitel)

3 ARBEITSPLANUNG

- Vorplanung
- Erstellung eines Zeitrasters
- Gliederung
- …

4 INFORMATIONSRECHERCHE

- Bibliothek
- Nachschlagewerke
- Internet
- Gespräche mit Expertinnen und Experten
- …

5 VERWALTUNG VON UND UMGANG MIT QUELLEN

- Bibliografieren
- Exzerpieren
- Fußnoten
- Literaturangaben
- …

6 FORMALE VORGABEN / LAYOUT (vgl. auch Hinweise der Schule)

- Teile der Facharbeit
- Deckblatt
- Titelblatt
- Inhaltsverzeichnis
- Einleitung
- Hauptteil
- Schlussteil
- Anmerkungen
- Literaturverzeichnis
- Materialanhang
- Eigenständigkeitserklärung
- …

7 TEXT ÜBERARBEITEN

- sprachliche Gestaltung (Rechtschreib-, Grammatik- und Zeichensetzungsfehler)
- Stil (angemessene Wortwahl, Fachvokabular, verständlicher Satzbau)
- Textbelege und korrekte Zitate
- Gedankenführung („roter Faden“, schlüssige Argumentation, gute Überleitungen zwischen den Kapiteln)
- Thema (wichtigste Aspekte)

Hörbücher, Podcasts, Lesungen – Literarische Texte hören

Beim Hören literarischer Texte – z. B. in Form von Hörbüchern und Podcasts, aber auch bei Lesungen – ist es wichtig, zwischen sprachlichen und sprecherischen Aspekten zu unterscheiden. Die sprachlichen Aspekte beziehen sich ausschließlich auf den Text und betreffen u. a. Wortwahl und Satzbau oder allgemein den Stil. Dem gegenüber verweisen die sprecherischen Aspekte auf die Möglichkeit, den Text mit der Stimme unterschiedlich zu gestalten. Um das Vorlesen oder Vortragen angemessen zu beurteilen, kann man auf die folgenden Kriterien zurückgreifen:

- Stimmklang und -farbe (auch unter Berücksichtigung des Aspekts männliche/weibliche Stimme)
- Lautstärke
- Modulation der Stimme und Sprachmelodie
- Sprechgeschwindigkeit und Pausen
- Sprechtonhöhe
- Artikulation

→ Wie wird der Text gelesen und welcher Subtext („Untertöne") entsteht daraus?

Aufgaben

1 a) Geben Sie den Inhalt des Hörtextes kurz in eigenen Worten wieder.
b) Was könnte vor dem Textausschnitt passiert sein und wie geht die Handlung vermutlich weiter?

2 Beschreiben Sie die Gefühle, die der vorgelesene Text bei Ihnen ausgelöst hat. Entsprach er Ihren Erwartungen in Bezug auf die Figuren und die Erzählinstanz?

3 Hören Sie den Text nochmals mit geschlossenen Augen und stellen Sie sich ihn als Film vor:
a) Beschreiben Sie die Bilder, die in Ihrem Kopf entstehen. Wurden sie primär durch sprachliche oder durch sprecherische Aspekte geprägt?
b) Notieren Sie diese Vorstellungsbilder in Form von Regieanweisungen und entwickeln Sie daraus ein Filmskript für diesen Ausschnitt.

4 a) Beschreiben Sie – mit Bezug auf die oben genannten Kriterien –, wie die Sprecherin bzw. der Sprecher die Figur oder die Erzählinstanz gestaltet. Werden z. B. Empathie, Sympathie oder Antipathie erkennbar?
b) Diskutieren Sie: Wie werden insbesondere Konflikte, Entscheidungssituationen und Handlungsumschwünge im Text sprecherisch umgesetzt?

5 a) Erarbeiten Sie für dieselbe (oder eine begründet ausgewählte andere) Textstelle eine alternative Möglichkeit, den Text vorzulesen, und nehmen Sie Ihre Fassung auf.
b) Präsentieren Sie Ihre Ergebnisse und kommentieren Sie sie.

Der Beginn des Dramas – Die Ausgangssituation klären

Diese KV soll den Schüler/innen die Erfahrung vermitteln, dass der sprachlich fremde bzw. zunächst sperrige oder schwierige Text durch genaue Lektüre zu entschlüsseln ist. Gerade die ersten Verse des Dramas bereiten aufgrund des komplexen Satzbaus häufig Verständnisprobleme. Über die Benennung von konkreten Verständnisschwierigkeiten (Aufgabe 1) und die Übertragung von I,1 in modernere Prosa (Aufgabe 2) wird eine Klärung der Ausgangssituation erreicht, womit die Grundlage für eine inhaltliche und funktionale Auseinandersetzung geschaffen wird (Aufgabe 3).

Erläuterungen zu Aufgabe 2

Die folgende Tabelle enthält einen – dem Original noch relativ nahen – Modernisierungsvorschlag.

V. 7–9	Seit Jahren verbirgt mich hier ein höherer Wille, dem ich mich füge, doch ich bleibe fremd.
V. 10–14	Denn mich trennt das Meer von den Geliebten, und wenn ich mich nach Griechenland sehnend tagelang am Ufer stehe, dann erhalte ich auf meine Seufzer nur das dumpfe Brausen der Wellen als Antwort.
V. 15–22	Weh dem, der ein einsames Leben fern von Eltern und Geschwistern führt. Der Kummer nimmt ihm jede Freude. Immer sehnt er sich nach seinem Zuhause, in dem er geboren wurde und im Kreis seiner Familie aufwuchs.
V. 23–32	Ich kritisiere nicht die Götter, doch die Stellung der Frau ist beklagenswert. Zu Hause und im Krieg herrscht der Mann und weiß sich überall zu helfen. Er kann alles erreichen; Besitz, Erfolg und Ruhm – wie wenig dagegen die Frau! Sie muss damit zufrieden sein, sich einem Mann unterzuordnen, und verschlägt es sie in die Fremde, geht es ihr noch schlechter.
V. 33–34	So hält mich Thoas, ein vornehmer Mann, hier als Sklavin fest.
V. 35–38	Ich schäme mich, dass ich dir, Göttin, meiner Retterin, nur widerwillig diene. Ich sollte dir aus freien Stücken mein Leben widmen.
V. 39–53	Meine Hoffnungen ruhen nach wie vor auf dir, Diana. Du hast mich, verstoßene Tochter des größten Königs, gerettet. Du hast diesen König Agamemnon in Angst versetzt, als du seine Tochter als Opfer fordertest. Wenn du ihn, der dir sein Liebstes opfern wollte, vom eroberten Troja ruhmreich in seine Heimat zurückbegleitet hast, wenn du ihm die Frau, Elektra und den Sohn erhalten hast, dann lass auch mich zu ihnen zurückkehren und rette mich wie vor dem ersten auch vor dem zweiten Tod, dem Leben hier.

Erläuterungen zu Aufgabe 3

Expositorischer Gehalt:
- Iphigenie ist unfreiwillig Priesterin der Diana in einem Land fernab ihrer Heimat Griechenland
- Ursache ist eine komplizierte Verwicklung im Zusammenhang mit der Belagerung Trojas
- Klage Iphigenies über Heimweh und Fremdheitsgefühle
- Bitte an Diana, ihr die Heimkehr zu ermöglichen
- Konflikt zwischen Pflicht gegenüber Diana und Thoas einerseits und persönlichen Wünschen andererseits

Der Beginn des Dramas – Die Ausgangssituation klären

Paraphrasierung des Dramentextes

V. 1–6 Noch immer trete ich mit schauderndem Gefühl in eure Schatten hinaus, bewegte Kronen des alten, heiligen, dichtbelaubten Wäldchens. Und wie zum ersten Mal, gehe ich in das stille Heiligtum der Göttin hinein. Ich fühle mich hier fremd.	**V. 23–32**
V. 7–9	**V. 33–34**
V. 10–14	**V. 35–38**
V. 15–22	**V. 39–53**

Expositorischer Gehalt

Aufgaben

1 Lesen Sie den 1. Auftritt des 1. Aufzugs (I,1) und tauschen Sie sich kurz über den Inhalt aus.

2 Übertragen Sie die oben genannten Verse in moderne Prosa (= paraphrasieren).
Passen Sie dabei den Satzbau ggf. so an, dass das Verständnis erleichtert wird.

3 Welche Ausgangssituation wird im 1. Auftritt präsentiert? Formulieren Sie knapp den expositorischen Gehalt der Textstelle, d. h., welche orientierenden Informationen bezüglich Inhalt, Ort, Zeit und Figuren des Schauspiels enthalten sind und welche Konflikte sich bereits andeuten.

Lektürebegleiter – Eine Handlungsübersicht erstellen

Diese KV leitet die Schüler/innen dazu an, eine knappe Handlungsübersicht zu erstellen, die die weitere, genauere Lektüre unterstützt und im Verlauf der Unterrichtseinheit eine rasche Orientierung ermöglicht.

Auftritt	Figuren	Zentrale Handlungselemente
I, 1	Iphigenie	I., als Priesterin in Dianas Tempel auf Tauris tätig, sehnt sich nach ihrer Heimat.
I, 2	Iphigenie, Arkas	A. kündigt Ankunft König Thoas an, Gespräch über Heimweh, Dankbarkeit, Pflicht und T.'s Heiratspläne
I, 3	Iphigenie, Thoas	T. wirbt vergeblich um I., I. erklärt Herkunft (Tantalidenfluch), T. droht mit Wiedereinführung der Menschenopfer
I, 4	Iphigenie	I. betet zu Diana und bittet sie, ihr das Menschenopfer zu ersparen.
II, 1	Orest, Pylades	O. u. P. Gefangene, wollten aufgrund eines Orakels Apolls Diana-Bildnis stehlen, O. verzweifelt, P. optimistisch
II, 2	Iphigenie, Pylades	Gespräch zwischen I. und P. über Griechenland und die Ereignisse vor Troja, verschweigen beide ihre Identität
III, 1	Iphigenie, Orest	Gespräch von I. und O. über Agamemnons Kinder, O. gibt sich zu erkennen, sinkt bewusstlos zusammen
III, 2	Orest	Hadesvision: O. sieht seine verstorbenen Vorfahren versöhnt vor sich.
III, 3	Orest, Iphi., Pyl.	Heilung Orests von seinem Wahn, O. erkennt seine Schwester, beschließen gemeinsame Flucht
IV, 1	Iphigenie	I. zweifelt an der Richtigkeit ihres Tuns: Sie soll Thoas belügen, um die Flucht durch eine List zu ermöglichen.
IV, 2	Iphigenie, Arkas	A. bringt die Botschaft, das Opfer der Griechen solle bald vollzogen werden. I. hält ihn hin.
IV, 3	Iphigenie	I. zweifelt, durch die Mahnung von A. zur Dankbarkeit und Loyalität bewegt, noch mehr an der Richtigkeit der Lüge.
IV, 4	Iphigenie, Pylades	Diskussion von I. und P. über die Lüge, P. hat keine Zweifel an der Richtigkeit ihres Tuns, I. lehnt Lüge ab
IV, 5	Iphigenie	I. hadert mit den Göttern, welche sich unerbittlich und grausam zeigen. I. singt das Lied der Parzen.
V, 1	Thoas, Arkas	A. überbringt T. die Botschaft von I., dass das Opfer sich verzögert.
V, 2	Thoas	T. wird misstrauisch gegenüber I. und fühlt sich hintergangen und ausgenutzt.
V, 3	Iphigenie, Thoas	I. offenbart T. die Wahrheit und bittet ihn darum, sie ziehen zu lassen. T. schwankend zwischen Zorn und Milde.
V, 4	Iphigenie, Th., Orest	O. will mit I. auf Schiff flüchten, Rückzugsgefecht der Griechen mit Taurern, I. gebietet Kämpfenden Einhalt
V, 5	I., T., O., P., A.	T. schickt die Kämpfenden fort und hört I. und O. an.
V, 6	Iphigenie, Th., Orest	Gespräch über das missverstandene Orakel, Achtung vor Götterwillen und Humanität; Versöhnung und Abschied

Lektürebegleiter – Eine Handlungsübersicht erstellen

Auftritt	Figuren	Zentrale Handlungselemente
I, 1		
I, 2		
I, 3		
I, 4		
II, 1		
II, 2		
III, 1		
III, 2		
III, 3		
IV, 1		
IV, 2		
IV, 3		
IV, 4		
IV, 5		
V, 1		
V, 2		
V, 3		
V, 4		
V, 5		
V, 6		

Aufgabe

1 Füllen Sie während Ihrer Lektüre die Handlungsübersicht aus.

„Ein Schauspiel" – Regieanweisungen zum 1. Aufzug verfassen

Diese KV soll zu einer intensiven Lektüre und mentalen Modellbildung anregen. Die Schüler/innen müssen beim Ergänzen von Regieanweisen einerseits eine interpretatorische Leistung erbringen, andererseits müssen sie bereits über die szenische Umsetzung nachdenken. Dabei sollen sie einerseits das Bühnenbild und andererseits das äußere Erscheinungsbild der Figuren in den Blick nehmen sowie Hinweise zu Gestik, Mimik und Sprechweise geben.

Die eine richtige Lösung kann es dabei nicht geben, auch wenn die Lösungen mehr oder weniger textnah sein werden. Dies gibt Anlass zu interessanten Diskussionen (Aufgabe 5).

Erläuterungen zu Aufgabe 1

Mögliche Überschriften und Zuordnung der Beispiele:

Beteiligte Figuren (13)
Auftritt oder Abgang von Figuren (9, 14)
Hinweise zu Handlungen, Gestik und Mimik (1, 3, 5, 6, 7, 8, 10)
Hinweise zur Sprechweise, Intonation und Lautstärke (2, 15)
Beschreibung des Bühnenbildes und/oder des äußeren Erscheinungsbildes der Figuren (4, 11, 12)

Die Regieanweisungen stammen aus folgenden Dramen:

1, 4, 9, 12, 15: Frank Wedekind: *Frühlings Erwachen*
2, 3, 5: Georg Büchner: *Dantons Tod*
6, 7, 8, 11: Johann Wolfgang Goethe: *Faust. Der Tragödie erster Teil*
10, 13: Gotthold Ephraim Lessing: *Nathan der Weise*
14: Friedrich Schiller: *Die Räuber*

Erläuterungen zu Aufgabe 2

Die wenigen Regieanweisungen geben die beteiligten Figuren an, informieren über Auftritte und Abgänge von Figuren (z. B. III,1: „Sie entfernt sich suchend.") oder beschreiben ausgewählte Handlungen (z. B. II,2: „Sie nimmt ihm die Ketten ab.")

Erläuterungen zu Aufgabe 3

Die Aufgabe kann in unterschiedlicher Weise bearbeitet werden. So können die Schüler/innen einzeln arbeiten und sich bestimmte Auftritte aussuchen, die sie mit Regieanweisungen versehen, oder die Schüler/innen arbeiten in Kleingruppen. Diese arbeitsteilige Gruppenarbeit zielt eher auf den motivationalen Anreiz des abwechslungsreichen Spiels (vgl. Aufgabe 4).

Alternativ können die Gruppen alle an derselben vorgegebenen Textstelle arbeiten. Dies bietet sich an, wenn der Schwerpunkt auf die genaue Textarbeit gelegt werden soll. In diesem Fall sollte in Aufgabe 5 der Fokus auf den Vergleich der verschiedenen Versionen gelegt werden.

Erläuterungen zu Aufgabe 4

Alternativ können die Manuskripte nach Aufgabe 1 auch unter den Gruppen ausgetauscht werden, sodass die Schüler/innen als Ensemble jeweils die Vorstellungen einer anderen Gruppe umsetzen müssen. So findet eine Rückmeldung über die Aussagekraft und Plausibilität der formulierten Regieanweisungen statt.

„Ein Schauspiel“ – Regieanweisungen zum 1. Aufzug verfassen

Goethes Schauspiel enthält nur sehr wenige Regieanweisungen. Auch auf eine genaue Beschreibung des Bühnenbildes oder des äußeren Erscheinungsbildes der Personen wurde verzichtet.
Grundsätzlich können Regieanweisungen in Dramen sehr unterschiedlich detailliert sein, wie die folgenden Beispiele aus verschiedenen anderen Dramen zeigen.

1 Melchior geht vorüber und grüßt.

2 unwillig

3 Er umarmt Camille, mehrere Gefangne folgen seinem Beispiel.

4 Abenddämmerung. Der Himmel ist leicht bewölkt, der Weg schlängelt sich durch niedres Gebüsch und Riedgras. In einiger Entfernung hört man den Fluss rauschen.

5 zu Lacroix

6 Er macht eine unanständige Gebärde.

7 Margarete drückt ihm die Hände, macht sich los und läuft weg. Er steht einen Augenblick in Gedanken, dann folgt er ihr.

8 Die drei Erzengel treten vor.

9 Die Gymnasiasten ab. – Martha und Ilse kommen ans Grab.

10 Saladin und Sittah spielen Schach.

11 In einem hochgewölbten, engen gotischen Zimmer.

12 Konferenzzimmer. – An den Wänden die Bildnisse von Pestalozzi und J. J. Rousseau. An einem grünen Tisch, über dem mehrere Gasflammen brennen, sitzen die Professoren Affenschmalz, Knüppeldick, Hungergurt, Knochenbruch, Zungenschlag und Fliegentod. Am oberen Ende auf erhöhtem Sessel Rektor Sonnenstich. Pedell Habebald kauert neben der Tür.

13 Nathan und der Derwisch

14 Franz hüpft frohlockend herein.

15 für sich

Aufgaben

1 Worüber können Regieanweisungen Auskunft geben? Bilden Sie Überschriften für unterschiedliche Kategorien von Regieanweisungen und ordnen Sie die oben stehenden Beispiele zu.

2 Sehen Sie sich die Regieanweisungen in *Iphigenie auf Tauris* an. Wählen Sie einige Beispiele aus und ordnen Sie sie Ihren Oberbegriffen aus Aufgabe 1 zu.

3 Wählen Sie einen Auftritt aus dem 1. Aufzug und verfassen Sie passende Regieanweisungen.

4 Proben Sie die Szene innerhalb Ihrer Gruppe mit den von Ihnen verfassten Regieanweisungen. Überarbeiten Sie ggf. die Regieanweisungen.

5 Stellen Sie Ihre Ergebnisse im Kurs vor.

Strukturmodelle – Funktionen und Konstellationen der Figuren erörtern

Diese KV soll zu einer abstrakten Auseinandersetzung mit dem Schauspiel als Konstrukt anleiten, wobei der Schwerpunkt auf der Funktion der einzelnen Figuren im Handlungsverlauf liegt. Nachdem die Rolle der Hauptfiguren auf der Handlungsebene knapp skizziert wurde (Aufgabe 1), wird die Auseinandersetzung über die Verknüpfung dieser Figuren über Visualisierungsvorschläge angeregt (Aufgabe 2). Im Zuge der Auswahl bzw. Modifikation dieser Vorschläge können die Figuren als Teil des Textuniversums auf abstrakter Ebene diskutiert werden.

Erläuterungen zu Aufgabe 1

Iphigenie ist Haupt- und Titelfigur des Dramas. Sie steht im Zentrum des tragischen Konflikts, der letzten Endes auch durch ihr selbstverantwortetes Handeln gelöst werden kann.

Orest treibt die Handlung selbst kaum aktiv voran, ist jedoch zentraler Beweggrund für die Handlungen von Iphigenie und Pylades. Seine Anwesenheit beschwört erst den tragischen Konflikt herauf. Gleichzeitig steht er als einzige Figur hinsichtlich Geschlecht und Rang König Thoas ebenbürtig gegenüber und kann daher ernsthaft mit ihm verhandeln.

Pylades treibt die Handlung ständig voran, zunächst indem er sich um Orest bemüht, dann indem er den Fluchtplan entwickelt. Pylades steht hinsichtlich seiner Moralauffassung Iphigenie gegenüber und bildet als Vertrauter Orests eine Entsprechung zu Arkas.

Arkas sorgt insofern für die Zuspitzung des tragischen Konflikts, als er Iphigenies Zweifel an der Statthaftigkeit der Lüge durch seine Appelle und sein Vertrauen nährt. Er steht in vertrauensvoller Verbindung zu Iphigenie, ist seinem König gegenüber jedoch immer uneingeschränkt loyal.

Thoas beschwört durch den Zwang, den er auf Iphigenie ausübt, einerseits und das Entgegenkommen andererseits den inneren Konflikt Iphigenies mit herauf. Seine Entscheidungen sind bestimmend für den Handlungsverlauf (Wiedereinführung des Menschenopfers, Versöhnung am Ende).

Erläuterungen zu Aufgabe 2

a) Dieser Vorschlag ist ungeeignet, um die Figurenkonstellation darzustellen. Er zeigt fünf Elemente, die für die fünf Figuren stehen könnten. Keines dieser Elemente steht jedoch mit allen vier anderen in Verbindung (wie es für die tatsächliche Konstellation im Drama der Fall sein müsste) und auch sonst ist keine Struktur erkennbar.

b) Dieser Vorschlag könnte gewählt werden. Er zeigt fünf Elemente, die annähernd die gleiche Größe haben. Das zentrale Element könnte dabei für Iphigenie stehen, die anderen ließen sich sachlogisch zuordnen (z. B. horizontal benachbarte Figuren sind Vertraute, vertikal benachbarte Korrespondenz- oder Kontrastfiguren).

c) Das Modell ist – ebenso wie das Modell b) – geeignet, die Figurenkonstellation darzustellen. Allerdings ist die zentrale Form/Figur hier doppelt so groß dargestellt wie die anderen und wird damit bedeutsamer. Die Wahl dieses Modell müsste also dahingehend begründet werden.

d) Das Puzzle als Darstellung der Figurenkonstellation ist ebenfalls grundsätzlich geeignet, um das Zusammenspiel der Figuren zu einem Handlungsganzen zu visualisieren.

Erläuterungen zu den Aufgaben 3 und 4

Bei der Erörterung der verschiedenen Modelle geht es primär darum, Figuren abstrakt als Elemente eines Gesamtkomplexes zu betrachten (markiert durch die äußere Begrenzung der Form). Welches der Modelle die Schüler/innen präferieren, bleibt ihnen weitgehend überlassen, solange die Vorschläge nachvollziehbar begründet werden.

Strukturmodelle – Funktionen und Konstellationen der Figuren erörtern

a)

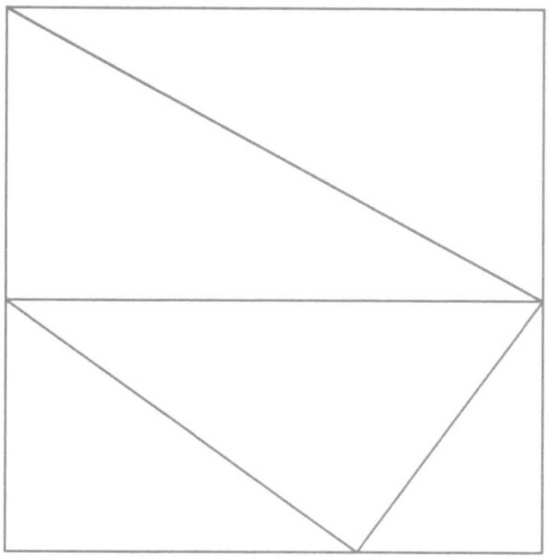

b)

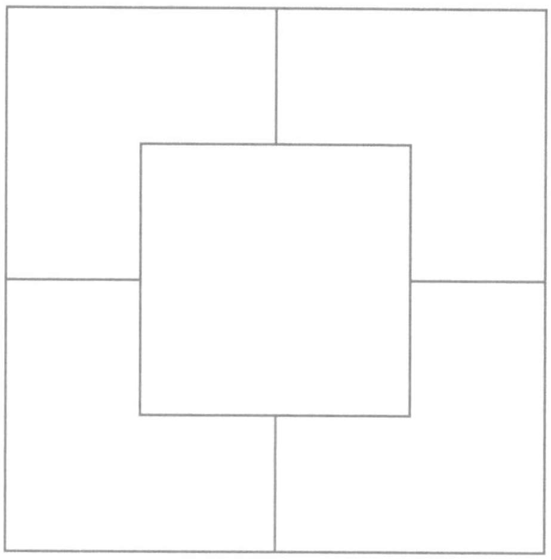

c)

d)

Aufgaben

1 Notieren Sie für jede der fünf Hauptfiguren des Dramas, welche Funktion(en) sie jeweils für die Entwicklung des Handlungsverlaufs hat.

2 Notieren Sie unter jedes der Strukturmodelle, ob Sie dieses für geeignet halten, um die Rolle und die Beziehung der Figuren als Teil der Dramenstruktur darzustellen. Begründen Sie Ihre Entscheidung kurz.

3 Entscheiden Sie sich für eine Darstellung bzw. für eine eigene Variante, die Ihrer Meinung nach die Dramenstruktur am besten darstellt.

4 Erörtern Sie anhand der gewählten Strukturmodelle die Funktionen der Figuren für den Dramenverlauf.

„Insel mit sechs Buchstaben?" – Ein Kreuzworträtsel zu *Iphigenie* lösen

Das Kreuzworträtsel kann als spielerische Form der Wiederholung bzw. Reorganisation grundlegender Textkenntnisse eingesetzt werden – als Lektüretest ebenso wie als Einstieg in die thematische Auseinandersetzung mit dem Begriff, der als Lösungswort in den Fokus gerückt wird: Humanität.

senkrecht

1 Vertrauter des Königs = ARKAS
2 Lied der … PARZEN
3 Schwester Orests = ELEKTRA
4 Zahl der Aufzüge = FUENF
5 Freund Orests = PYLADES
6 Kampf um … TROJA
7 zweideutige Weissagung = ORAKELSPRUCH
8 soll gestohlen werden = STANDBILD
9 Pylades Ziel = FLUCHT

waagerecht

10 Schauplatz des Dramas = HAIN
11 Vater Iphigenies = AGAMEMNON
12 Rachegöttinnen = ERYNNIEN
13 Urahn von Iphigenie = TANTALUS
14 Schutzgöttin Iphigenies = DIANA
15 Volk der Inselbewohner = TAURER
16 schauriges Ritual auf Tauris = MENSCHENOPFER
17 Großvater Orests = ATREUS
18 Amt Iphigenies = PRIESTERIN
19 König der Insel = THOAS
20 Verbrechen Orests = MUTTERMORD

Lösungswort: HUMANITAET

„Insel mit sechs Buchstaben?" – Ein Kreuzworträtsel zu *Iphigenie* lösen

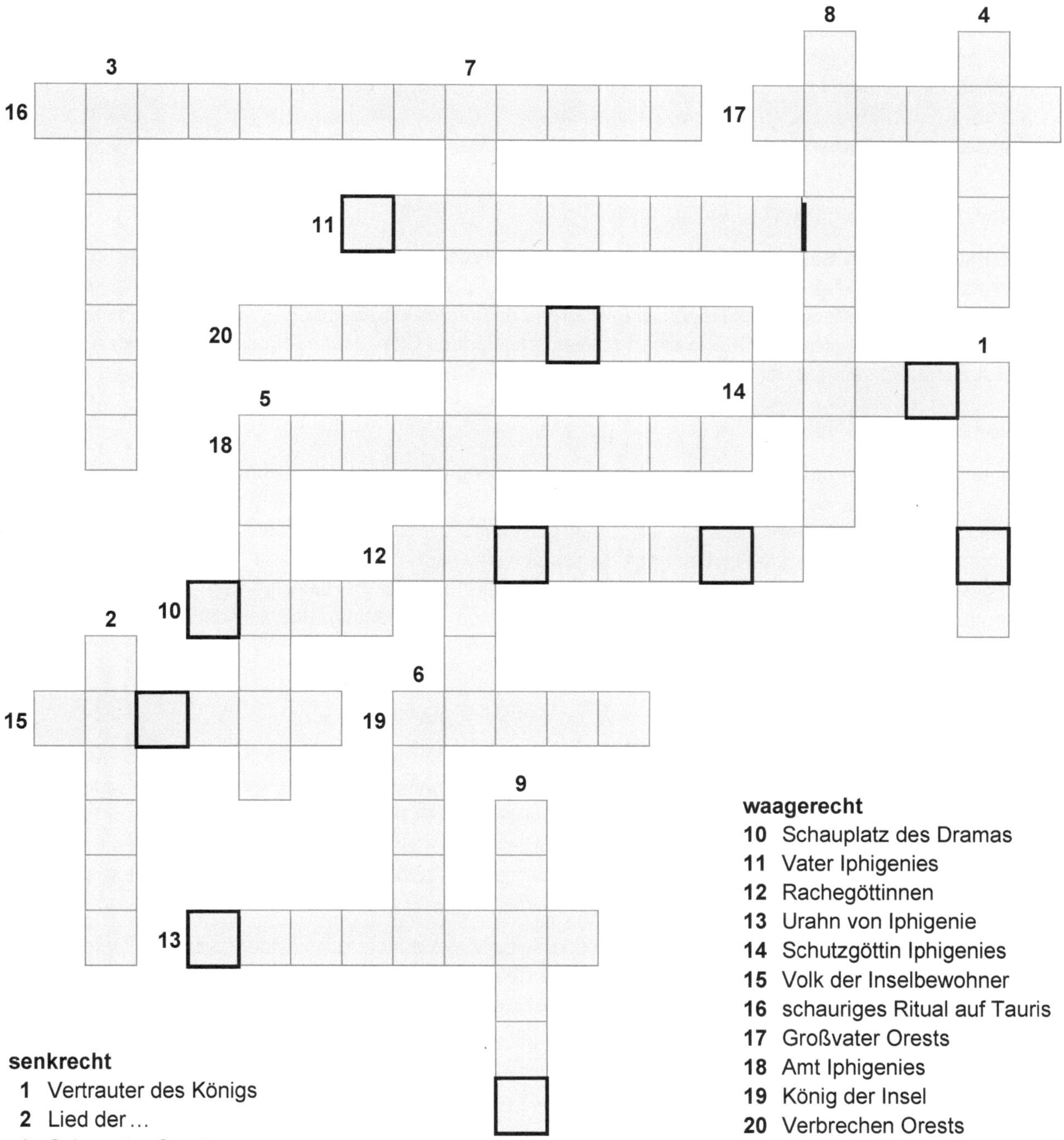

senkrecht
1 Vertrauter des Königs
2 Lied der …
3 Schwester Orests
4 Zahl der Aufzüge
5 Freund Orests
6 Kampf um …
7 zweideutige Weissagung
8 soll gestohlen werden
9 Pylades Ziel

waagerecht
10 Schauplatz des Dramas
11 Vater Iphigenies
12 Rachegöttinnen
13 Urahn von Iphigenie
14 Schutzgöttin Iphigenies
15 Volk der Inselbewohner
16 schauriges Ritual auf Tauris
17 Großvater Orests
18 Amt Iphigenies
19 König der Insel
20 Verbrechen Orests

Lösungswort:

Aufgabe

1 Lösen Sie das Kreuzworträtsel. Die Buchstaben in den fett umrandeten Kästchen ergeben das Lösungswort.

Fremd sein – Eine Reportage schreiben

Diese KV setzt keine vorherige Lektüre des gesamten Schauspiels voraus. Neben der Herausarbeitung des Konflikts, in dem Iphigenie zu Beginn des Dramas steht (Aufgabe 1), ist ein zentrales Ziel dieser KV, Empathie für die Figur und ihre – auch für heutige Schüler/innen nachvollziehbaren – widerstreitenden Gefühle zu wecken. Dadurch soll die – vor allem durch die klassizistische Verssprache entstehende – Distanz zwischen Schüler/in und Text verringert werden.

Erläuterungen zu Aufgabe 1

Bei den abgedruckten Beispielen handelt es sich um die Anfänge von zwei Reportagen, die in den letzten Jahren für den Henri-Nannen-Preis nominiert waren. Sie illustrieren die verschiedenen Möglichkeiten zur Gestaltung des Textanfangs einer Reportage. Während das erste Beispiel einen „szenischen“ Einstieg liefert, hat der Beginn der zweiten Reportage einen stärker erzählenden Charakter. Gemeinsam ist beiden Beispielen die Anschaulichkeit und der unmittelbare Einstieg ins Geschehen (s. Info-Kasten zur Reportage).

Erläuterungen zu Aufgabe 2

Iphigenie fühlt sich auf der Insel Tauris, auf die sie durch Eingreifen der Göttin Diana vom Altar, auf dem sie geopfert werden sollte, entrückt wurde, auch nach Jahren noch fremd. Sehnsüchtig denkt sie an ihre Heimat Griechenland und ihre Familie, weshalb ihr Leben auf Tauris freudlos ist. Sie sieht sich aufgrund ihres Geschlechts zur Passivität verurteilt. Allerdings ist sie sich bewusst, dass sie Diana, deren Priesterin sie auf Tauris geworden ist, für ihre Rettung dankbar sein sollte, und möchte ihr daher gerne frei und treu ergeben dienen. Ihr Wunsch, in die Heimat zurückzukehren, ist jedoch übermächtig, und so hofft sie, dass Diana ihr die Heimkehr ermöglicht.

Erläuterungen zu Aufgabe 3

Zwei Beispiele für mögliche Reportage-Anfänge:

a) Die Priesterin steht am Ufer, den Blick fest auf den Horizont gerichtet. Wie sie so dasteht, äußerlich ruhig, fast statuenhaft, scheinbar im stillen Gebet, scheint es, als sei hier ein Mensch, der sich dem Dienst an der Göttin ganz und gar hingegeben hat. Doch plötzlich richtet sich ihr Blick sehnsüchtig in die Ferne und sie zeigt nun in Richtung der sinkenden Nachmittagssonne. „Dort liegt meine Heimat“, flüstert sie kaum hörbar …

b) Eigentlich müsste Iphigenie dankbar sein. Diana selbst hat sie nicht nur vor dem sicheren Opfertod bewahrt, sie hat sie sogar ausgezeichnet, indem sie dafür sorgte, dass Iphigenie die Priesterin ihres Tempels wurde. Dankbar ist Iphigenie, aber zufrieden ist sie nicht …

Erläuterungen zu Aufgabe 4

Bei dem Vergleich sollte es – neben der Frage, ob die Merkmale der Textsorte aufgenommen wurden – vorrangig darum gehen, ob Iphigenies emotionale Verfassung treffend dargestellt wurde und wie ihre Situation in der Reportage (vermutlich implizit) bewertet wird: Gibt die Autorin / der Autor Empathie zu erkennen, oder wird Iphigenie gar als undankbar dargestellt?

Fremd sein – Eine Reportage schreiben

Reportage

Bei der Reportage handelt es sich um eine journalistische Textsorte. Sie informiert in besonders lebendiger Weise über ein Ereignis, eine Person oder einen Sachverhalt. Reportagen steigen meist unmittelbar ins Geschehen ein. Dabei wechseln sich Schilderungen von konkreten, anschaulichen und exemplarischen Situationen oder auch Gesprächsauszüge in wörtlicher Rede mit der Darstellung von Hintergrundinformationen zum Thema ab.

Kein Bock

Um 9.53 Uhr ruft Felix Bischoff* an und sagt, dass er ein bisschen später komme, halbe Stunde vielleicht, er beeile sich, ’tschuldigung.
Herr Bischoff ruft den Staat an, nicht der Staat Herrn Bischoff. Im Raum 1.141 des Sozialbürgerhauses bricht Jubel aus.
„Das ist ja super, dass er anruft und sogar sagt, er beeilt sich!“
„Und sich auch noch entschuldigt!“
„Toller Fortschritt!“
„Es geht aufwärts.“
Vier Angestellte des Staates warten im Besprechungsraum des Sozialbürgerhauses München/Milbertshofen Am Hart auf Felix Bischoff, weil es heute um seine Zukunft geht: seine Arbeitsvermittlerin U25 (Unter 25), sein Leistungssachbearbeiter, seine Bezirkssozialarbeiterin und seine Betreuerin aus dem U25-Arbeitsmarktprogramm Ganzil (Ganzheitliche Integrationsleistung) der Deutschen Angestelltenakademie, die dann eingeschaltet wird, wenn die Arbeitsvermittler nicht mehr weiterwissen.
Ist nicht jetzt die Zeit des Jobwunders angebrochen, mit weniger als drei Millionen Arbeitslosen bundesweit? Ist das nicht vielleicht die Chance für Felix Bischoff?

* Name von der Redaktion geändert

Aus: Schüle, Christian: Kein Bock. In: http://www.zeit.de/2010/47/DOS-Hartz-IV-Jugendliche, 22.11.2010 (Stand: 19.12.2013)

Frau Zimmermann zieht um

Als Frau Zimmermann das letzte Mal nach 57 Jahren nach Hause kommt, hat sie einen Faltstuhl dabei. Der Stuhl hat drei kurze, dicke Holzbeine, die hat sie auseinandergezogen und auf den Balkon gestellt. Sie hat sich hingesetzt und ist sitzen geblieben, für einen Moment. Es ist kalt, aber nicht zu kalt auf dem Balkon, es geht kaum Wind, doch wenn sich die Luft bewegt, dann weht sie eine Ahnung von Frühling herüber. Irgendwo pfeift es zaghaft in einem Baum, es ist die Zeit, zu der die Amseln wieder lauter werden, die Finken und die Meisen, für die auf der Brüstung immer ein Häuschen stand und ein Teller mit Krumen, Haferflocken für die Amseln. Es ist die Zeit, in der die Kästen sauber gemacht und die Eisblümchen gepflanzt werden müssten, sie leuchten dann schon rot, wenn vor dem Haus alles grün wird. Frau Zimmermann wird in diesem Jahr nicht pflanzen. Sie wird überhaupt nichts tun.

Aus: Wilton, Jennifer: Frau Zimmermann zieht um. In: http://www.welt.de/vermischtes/article13905748/Frau-Zimmermann-zieht-um.html (Stand 19.12.2013)

Aufgaben

1 Beschreiben Sie, welche unterschiedlichen Möglichkeiten, eine Reportage einzuleiten, hier gewählt wurden.

2 Lesen Sie I,1 und fertigen Sie Notizen über die Figur Iphigenie, ihre emotionale Verfassung und den Konflikt, in dem sie zu Beginn des Dramas steht, an.

3 Verfassen Sie die Einleitung einer Reportage über Iphigenie, als sei diese eine reale Person der Gegenwart.

4 Vergleichen und diskutieren Sie Ihre Texte im Kurs.

Freunde bleiben – Szenenfotos zuordnen und diskutieren

Diese KV soll über die Betrachtung von Szenenfotos zum Austausch über die mentalen Modelle der Schüler/innen führen. Hierbei erfolgt nach einem spontan-affektiven Zugang (Aufgabe 1) eine genaue Wahrnehmung der Bilder und deren Nuancen (Aufgabe 2), an die sich eine ebenso genaue Lektüre der entsprechenden Textstelle anschließt (Aufgabe 3).

Erläuterungen zu Aufgabe 1

Die Auswertung dieser Aufgabe kann im Kursgespräch oder als Blitzlicht erfolgen. Alternativ kann auch eine der Abbildungen auf Folie kopiert und gemeinsam besprochen werden.

Erläuterungen zu Aufgabe 2

A Eine Frau mittleren Alters steht an der Längsseite eines Tisches. An der Stirnseite des Tisches sitzt ein Mann, der um ein paar Jahre älter zu sein scheint. Die Frau trägt ein einfaches schwarzes Kleid und schwarze Schuhe. Sie lehnt sich an den Tisch, indem sie sich mit den Händen aufstützt, und blickt schweigend zur Seite. Ihr Gesichtsausdruck wirkt resigniert, grüblerisch und mutlos. Der Mann trägt einen grauen Anzug. Er sitzt auf der Vorderkante des Stuhls und stützt sein Kinn auf den Ballen der linken Hand; die Rechte hat er auf den Tisch gelegt. Er blickt die Frau an bzw. zu ihr auf, einerseits bewundernd, andererseits aber auch fragend oder gespannt wartend. Die ganze Situation erweckt den Anschein, dass der Mann darauf wartet, dass die Frau spricht oder anderweitig agiert, während diese ihren Gedanken nachhängt und den Mann als störend zu empfinden scheint.

B Ein älterer Mann und eine junge Frau stehen auf einer Schräge, die mit grünem Rasen ausgelegt ist und ein Gefälle in Richtung des Betrachters aufweist. Der Hintergrund ist schwarz. Der Mann hat kurzgeschnittenes dunkles Haar und trägt einen schwarzen Anzug mit einer schwarz-weiß-gemusterten Krawatte und schwarzen Lackschuhen. Mit seiner Linken hält er die Frau umklammert, während er ihr Gesicht mit einem Griff seiner Rechten um ihr Kinn bzw. ihren Hals zu sich wendet. Er sieht sie ruhig und etwas überrascht an. Die Frau hat mittellanges blondes Haar und trägt ein kurzes Spitzenkleid und Sneakers. Sie steht auf ihren Zehenspitzen, da der etwas größere Mann sie mit seinem Griff auf seine Höhe zwingt. Ihre Linke liegt auf seiner Brust, die Rechte verschwindet hinter seiner Schulter. Ihr Gesicht scheint Häme oder Trotz auszudrücken. Die ganze Situation erweckt den Anschein, dass der Mann die Frau zu einer Handlung oder Aussage zwingen will und deutliche physische Überlegenheit demonstriert. Die Frau ist der Gewalt des Mannes ausgeliefert, beugt sich ihr jedoch nicht, was der Mann mit Überraschung und Ratlosigkeit zur Kenntnis nimmt.

C Ein älterer Mann und eine junge Frau sitzen auf einer Schräge, die mit grünem Rasen ausgelegt ist und ein Gefälle in Richtung des Betrachters aufweist. Auf der Rasenfläche hinter den Personen ist undeutlich eine Rose zu erkennen. Der Hintergrund ist dunkel. Der Mann trägt eine blusonartige Jacke, unter der ein weißes Hemd und Hosenträger hervorschauen. Sein Haar ist grau und schütter. Seine linke Hand liegt mit nach oben gedrehter Handfläche geöffnet auf seinem linken Bein auf. Mit der nach oben angewinkelten rechten Hand hält er den Kopf der Frau, die an seine Schulter gelehnt sitzt. Sein Blick geht über ihren Kopf hinweg, der Mund ist leicht geöffnet. Die Frau trägt ein schwarzes Strickkleid und gepunktete Leggings. Sie hat mittellange blonde Haare und einen dünnen Schal, eine lange Kette o. Ä. um den Hals. Ihre Arme hängen schlaff an ihr herab, die Augen sind geschlossen. Ihr Oberkörper ist dem Mann zugeneigt, der ihren Kopf umfasst, doch sie sitzt nicht eng bei ihm. Körperhaltung und Blick der beiden lassen verschiedene Deutungen zu. Beide zeigen sowohl deutliche Zeichen großer Erschöpfung als auch eine gewisse Nähe, die jedoch durch Distanzsignale (abseits sitzen, einander nicht ansehen) künstlich oder erzwungen wirkt.

Erläuterungen zu Aufgabe 3

Die 3. Szene des 1. Aufzugs befindet sich auf der beigelegten CD (Track 1). Bei den abgebildeten Szenenfotos handelt es sich nicht notwendigerweise um Ausschnitte aus I,3. Die Frage zielt insofern nicht auf eine Kritik der Inszenierungen, sondern auf einen Austausch über die Vorstellungen der Schüler/innen.

Freunde bleiben – Szenenfotos zuordnen und diskutieren

A

Johann Wolfgang Goethe: Iphigenie auf Tauris.
Maxim Gorki Theater Berlin 2011.

B

Johann Wolfgang Goethe: Iphigenie auf Tauris.
Schaubühne Berlin 2009.

C

Johann Wolfgang Goethe: Iphigenie auf Tauris. Schaubühne Berlin 2009.

Aufgaben

1 Notieren Sie, welche Stimmung die einzelnen Szenenfotos vermitteln.

2 Wählen Sie eines der Szenenfotos aus und beschreiben Sie es möglichst genau.

3 Hören Sie sich die 3. Szene des 1. Aufzugs an. Welches Szenenfoto passt Ihrer Ansicht nach am besten dazu? Begründen Sie.

Die Gefährten – Beziehungen der Figuren in einem Standbild darstellen

Über die Aufgaben auf dieser KV soll in einem mehrstufigen Verfahren die Figurenkonstellation in Goethes Schauspiel erarbeitet und dargestellt werden. Dabei soll die Darstellung der Figurenkonstellation (dem Handlungsverlauf entsprechend) zunächst die Beziehungen von Iphigenie, Thoas und Arkas bzw. Orest und Pylades als voneinander isolierte Gruppen fokussieren (Aufgaben 1 und 2) und in einem zweiten Schritt dann auf die Konstellation aller Figuren zueinander erweitert werden (Aufgabe 3).

Erläuterungen zu den Aufgaben 1 und 2

Durch die Darstellung in einem Standbild erhalten die Schüler/innen die Möglichkeit, ihre Vorstellungen von den Figurenbeziehungen zu konkretisieren und in eine bildliche Darstellung zu überführen. Es wird Raum für die Vorstellungsbildung eröffnet und zugleich zum textnahen Lesen angeregt.
Die Kleingruppen müssen aus mindestens drei bzw. vier Personen bestehen. Neben den vorgegebenen Rollen sollte jede Gruppe einen Regisseur haben, der die Anordnung der Figuren unterstützen kann. Bei Bedarf kann zusätzlich die Rolle einer Protokollantin / eines Protokollanten vergeben werden, die/der die innerhalb der Gruppe evtl. vorhandenen verschiedenen Deutungen festhält.

Erläuterungen zu Aufgabe 3

Aufgabe 3 stellt eine komplexe Herausforderung dar, da unabhängig voneinander entstandene symbolische Darstellungen in Einklang gebracht werden müssen und diese noch dazu flüchtig sind, d. h. nicht nebeneinander gelegt oder dauerhaft festgehalten werden können. Unabhängig davon, ob die Integration zweier Standbilder gelingt oder nicht, sollte daher eine Methodenreflexion erfolgen, bei der die Schüler/innen ihre Erfahrungen und ggf. auch Schwierigkeiten deutlich machen können.

Didaktisch-methodische Alternativen bestehen bei der Erarbeitung und Auswertung der Standbilder: So können die Schüler/innen zum einen kurze Texte verfassen, wobei sie die Gedanken der Figuren bei der Begegnung ergänzen. Diese Texte werden dann von den Figuren selbst oder einem hinter der Figur positionierten Sprecher vorgetragen. Für leistungsstarke Kurse empfiehlt es sich, den Kursteilnehmer/innen die Möglichkeit zu geben, die Figuren im Standbild direkt zu befragen.

Die Gefährten – Beziehungen der Figuren in einem Standbild darstellen

bildbad, Berlin

Ein Standbild bauen

In einem Standbild können Empfindungen einzelner Figuren und ihre Beziehungen zueinander verdeutlicht werden. Dabei geht es nicht darum, die durch eine konkrete Textstelle vorgegebene bzw. wahrscheinliche Körperhaltung der Figuren nachzustellen, sondern vielmehr um einen symbolischen Ausdruck der in der Auseinandersetzung mit dem Text herausgearbeiteten Gefühle und Beziehungen.

Gehen Sie beim Bau eines Standbilds folgendermaßen vor:

1. Bilden Sie Kleingruppen entsprechend der Anzahl der darzustellenden Figuren und einer/einem zusätzlichen Regisseurin/Regisseur.
2. Bestimmen Sie eine Regisseurin / einen Regisseur.
3. Versuchen Sie, den für die jeweilige Figur in der entsprechenden Situation passenden Ausdruck zu finden:
   - Welche Gestik und Mimik zeichnet die einzelnen Figuren hier aus?
   - Welche Position nehmen die Figuren zueinander ein?

   Die Regisseurin / der Regisseur unterstützt bei der Anordnung der Figuren und korrigiert die Darstellung.
4. Präsentieren Sie das Standbild stumm für den Zeitraum von etwa einer Minute. Lösen Sie das Standbild anschließend wieder auf.

Aufgaben

1 Entscheiden Sie sich für Aufgabe a) oder für Aufgabe b) und bilden Sie Kleingruppen mit vier bzw. drei Gruppenmitgliedern (Anzahl der Figuren + Regisseur).

a) Arbeiten Sie aus den Auftritten I,1 bis I,3 das Innenleben der Figuren Iphigenie, Thoas und Arkas sowie ihre Beziehungen untereinander heraus. Entwickeln Sie anschließend gemeinsam ein Standbild, mit dem Sie Ihre Ergebnisse zum Ausdruck bringen.

b) Arbeiten Sie aus den Auftritten II,1 und II,2 das Innenleben der Figuren Orest und Pylades sowie ihre Beziehungen untereinander heraus. Entwickeln Sie anschließend gemeinsam ein Standbild, mit dem Sie Ihre Ergebnisse zum Ausdruck bringen.

2 Präsentieren Sie Ihre Standbilder und werten Sie die Darstellungen anschließend aus.

3 Diskutieren Sie gemeinsam im Kurs, welches Standbild aus Aufgabe b) (Orest, Pylades) sich am besten in welches Standbild aus Aufgabe a) (Iphigenie, Thoas, Arkas) integrieren ließe, ohne Änderungen an einem der beiden Standbilder vorzunehmen. Probieren Sie verschiedene Varianten aus.

Von den Erinnyen verfolgt – Szenisch lesen

Mittels dieser KV soll auf dem Wege der szenischen Lesung ein zentrales Thema – Schuld und Sühne – des Schauspiels erschlossen (Aufgaben 1 und 2) sowie hinsichtlich seiner Funktion gedeutet werden (Aufgabe 3).

Erläuterungen zu Aufgabe 1

Der Einstieg in die KV über das Hören bietet sich hier an, weil die Schüler/innen so ihre zunächst unbewussten eigenen Vorstellungen über die sprecherische Darstellung der Szene mit einer konkreten Umsetzung vergleichen können. Ausgehend von diesem Beispiel können Sie dann ihre eigenen Vorstellungen konkretisieren. Die Lesung der Szene auf der CD (Track 2) benötigt einen Zeitraum von ca. 17 Minuten. Sofern aus Zeitgründen nur die auf der KV abgedruckte Textstelle angehört werden soll, kann der Einstieg direkt bei Minute 15:47 erfolgen.

Erläuterungen zu den Aufgaben 2 und 3

Der ganze Auszug soll zunächst gelesen werden, um die Hinführung zu Orests wahnhaftem Aus- bzw. Zusammenbruch in Erinnerung zu rufen. Die erneute Konfrontation mit seiner Tat in der Kommunikation mit Iphigenie und die Offenbarung ihrer Identität sind zu viel für Orest. In seinem Monolog am Ende des Auftritts durchlebt er noch einmal den Muttermord und sieht sich dem Geist der Mutter gegenüber. Von der Schuld überwältigt, stürzt er sich in Selbsthass und Verzweiflung und sehnt seinen Tod und den seiner Geschwister herbei.
Eine Herausforderung bei der szenischen Lesung besteht darin, einen Ausgleich zwischen der existenziellen Not und dem Wahn Orests einerseits und der aufgrund des durchgehend verwendeten Blankverses eher strengen und ästhetisierten Hochsprache andererseits zu finden. Hier lassen sich Bezüge zur klassischen Kunstauffassung nach Winckelmann herstellen (s. KV *Edle Einfalt, stille Größe – Die klassische Kunstauffassung erörtern,* S. 38).
Die szenische Lesung erfordert aufgrund ihrer inhaltlichen Komplexität einige Vorbereitungszeit.
Bei der Auswertung der Lesungen sollten die Rückmeldungen an die Vorleser/innen differenziert und textbezogen erfolgen. Diese müssen ihre Darstellung ebenso textbezogen begründen können.

Erläuterungen zu Aufgabe 4

Hier wird über die konkrete Textstelle hinaus einen Bezug zur Transformation des Mythos durch Goethe vor dem Hintergrund der Klassik hergestellt. Die Tatsache, dass die Erinnyen nun als inneres, psychologisches Phänomen dargestellt werden, stellt einen deutlichen Eingriff in den Mythos dar. Nicht eine äußere Instanz ist es, die den Mörder gewissermaßen durch Verfolgung mit Unrast straft, sondern das Bewusstsein über die eigene Schuld quält Orest. Damit gibt es für ihn kein Entrinnen und keine Atempause; gleichzeitig liegt der Keim für die Erlösung von seiner Seelenqual auch in ihm selbst. Damit korrespondiert auch, dass es bei Goethe nicht mehr das Standbild der Göttin Diana – die Schwester Apolls – ist, das zur Lösung des Fluchs notwendig ist, sondern seine Schwester. Die Verlagerung vom Dinglichen zum Lebendigen, von der göttlichen zur menschlichen Verantwortung ist damit vollzogen und entspricht dem aufklärerischen Denken des ausgehenden 18. Jahrhunderts.

Steht weitere Unterrichtszeit zur Verfügung, ließe sich die Betrachtung des Komplexes Schuld und Sühne bzw. Wahn und Heilung noch vertiefen. Hierzu sollten die Gruppen arbeitsteilig verschiedene Textstellen bearbeiten. Neben dem hier abgedruckten Auszug kann der 2. und 3. Auftritt hinzukommen. Dadurch könnte die Heilung Orests genau in den Blick genommen und die Frage erörtert werden, wodurch diese eigentlich zustande kommt: Handelt es sich um eine Art von Katharsis, welche durch die Konfrontation mit der eigenen Schuld quasi von Orest selbst vollzogen wird und die nur den äußeren Anlass der Begegnung mit Iphigenie brauchte? Oder wird Orest durch Iphigenies Gebet (und Pylades gutes Zureden) im 3. Aufzug geheilt? Oder wird der Fluch durch die Götter gelöst, welche ja auch durch ihr Eingreifen für das Aufeinandertreffen der Geschwister gesorgt haben?

Von den Erinnyen verfolgt – Szenisch lesen

3. Aufzug, 1. Auftritt (Auszug)

OREST: Unselige! So mag die Sonne denn
Die letzten Gräuel unsers Hauses sehn!
Ist nicht Elektra hier, damit auch sie
Mit uns zugrunde gehe, nicht ihr Leben
Zu schwererem Geschick und Leiden friste?
Gut, Priesterin! Ich folge zum Altar:
Der Brudermord ist hergebrachte Sitte
Des alten Stammes; und ich danke, Götter
Dass ihr mich ohne Kinder auszurotten
Beschlossen habt. Und lass dir raten, habe
Die Sonne nicht zu lieb und nicht die Sterne:
Komm, folge mir ins dunkle Reich hinab!
Wie sich vom Schwefelpfuhl erzeugte Drachen,
Bekämpfend die verwandte Brut, verschlingen,
Zerstört sich selbst das wütende Geschlecht.
Komm kinderlos und schuldlos mit hinab!
Du siehst mich mit Erbarmen an? Lass ab!
Mit solchen Blicken suchte Klytämnestra
Sich einen Weg nach ihres Sohnes Herzen,
Doch sein geschwungner Arm traf ihre Brust.
Die Mutter fiel! – Tritt auf, unwill'ger Geist!
Im Kreis geschlossen tretet an, ihr Furien,
Und wohnet dem willkommnen Schauspiel bei,
Dem letzten, grässlichsten, das ihr bereitet!
Nicht Hass und Rache schärfen ihren Dolch;
Die liebevolle Schwester wird zur Tat
Gezwungen. Weine nicht! Du hast nicht Schuld.
Seit meinen ersten Jahren hab ich nichts
Geliebt, wie ich dich lieben könnte, Schwester.
Ja, schwinge deinen Stahl, verschone nicht,
Zerreiße diesen Busen und eröffne
Den Strömen, die hier sieden, einen Weg!
(Er sinkt in Ermattung.)

*Aus: Goethe, Johann Wolfgang: Iphigenie auf Tauris.
Berlin: Cornelsen Schulverlage GmbH, V. 1223–1254*

Aufgaben

1 Hören Sie sich die Lesung des 1. Auftritts der 3. Szene an. Besprechen Sie im Kurs, ob Sie die sprecherische Umsetzung gelungen finden.

2 Bereiten Sie eine szenische Lesung dieser Verse vor. Notieren Sie zur Vorbereitung Regie- und Sprechanweisungen.

3 Tragen Sie Ihre Version im Kurs vor. Vergleichen Sie die unterschiedlichen Darstellungen im Anschluss.

4 Im Mythos sind die Erinnyen reale Gestalten, die ihr Opfer verfolgen. Bei Goethe sind diese Rachegöttinnen nur Einbildungen Orests. Lesen Sie noch einmal den gesamten 1. Auftritt des 3. Aufzugs und diskutieren Sie, inwiefern sich dadurch der Blick auf Orest verändert.

„Kultivierte Barbaren" – Taurer und Griechen vergleichen

Diese KV soll dazu auffordern, den vermeintlichen Gegensatz zwischen kultivierten Griechen und rohen Taurern genauer zu untersuchen (Aufgaben 1 und 2) und vor dem Hintergrund des Humanitätsideals der Klassik zu erörtern (Aufgabe 3; Informationen hierzu finden sich z. B. im Anhang der Textausgabe). Dabei wird deutlich, dass kein vermeintlicher „Volkscharakter" oder der allgemeine zivilisatorische Stand eines Volkes Rückschlüsse auf die moralische Integrität und den Charakter einzelner Figuren zulässt. Sympathie und Antipathie richten sich für den nicht- bzw. nachgriechischen Rezipienten des Mythos in der Bearbeitung Goethes danach, ob eine Figur moralisch handelt.

Erläuterungen zu den Aufgaben 1 und 2

Die Aufgaben 1 und 2 können auch in arbeitsteiliger Gruppenarbeit bearbeitet werden.

Griechen	Taurer
• kriegerisch (V. 413 ff.) • eroberungswillig (V. 413 ff.) • in Schuld verstrickt (Tantaliden) (V. 327 ff.)	• kriegerisch (V. 227 ff.) • an Menschenopfer gewöhnt, bestehen aber nicht darauf (V. 520 f., V. 120 ff.)
Orest	**Thoas**
• Mörder seiner Mutter (V. 1038, V. 1082) • schuldbewusst (V. 1082, V. 1120) • zunächst: wahnhaft, lebensmüde; später: tatkräftig, entschlossen (V. 561 ff., V. 1085 f., V. 2047 ff.) • sowohl kampf- als auch gesprächsbereit (gegenüber Thoas) (V. 1993 ff., V. 2041 ff., V. 2024 f., V. 2107 ff.)	• gewohnt, Befehle zu geben (V. 166) • reflektiert und beherrscht (V. 1937 ff., V. 1979 ff., V. 2032 f.) • respektiert das Wort anderer (V. 1979 ff., V. 2022 f., V. 2032 f.) • hat das Menschenopfer auf Anraten Iphigenies ausgesetzt (V. 122 ff.) • will es aus gekränkter Eitelkeit oder innenpolitischen Erwägungen wieder einführen (V. 503 ff.) • ist am Ende zur Einsicht bereit und zeigt echte Humanität (V. 2174)
Pylades	**Arkas**
• zuversichtlich (V. 1592) • tatkräftig, listig (V. 664 f., V. 766 f.) • notfalls zu Lüge, Heimlichkeit und Diebstahl bereit (V. 1674 ff.)	• loyal (V. 1767 ff.) • vertrauenswürdig, kann gut zuhören (V. 63 ff., V. 156 f.) • hat vor allem das Wohl seines Volkes im Blick (V. 133 ff.) • ist gegen Menschenopfer (V. 122 ff.)

Erläuterungen zu Aufgabe 3

Im Zuge der Auseinandersetzung wird deutlich, dass der Gegensatz zwischen Griechen und Taurern, der von den Figuren selbst teilweise behauptet wird, nicht als Opposition im Sinne von kultiviert – unkultiviert bzw. aufgeklärt – archaisch besteht. „Ein entscheidender humaner Akt liegt der Dramenhandlung bereits voraus, denn Iphigenie ist von den Taurern bereits überaus menschlich behandelt worden, wenn das Drama beginnt. Anders als bei Euripides wird also die strikte Gegenüberstellung von griechischer Kultur und taurischer Barbarei gar nicht erst aufgebaut."[1] Dies zeigt sich insbesondere im Umgang mit der archaischen Praxis des Menschenopfers: „Ihr Vater Agamemnon hatte Iphigenie der Göttin […] Diana […] opfern wollen, um deren Beistand für seinen Feldzug gegen Troja zu gewinnen. Iphigenie aber wird gerettet […] und gelangt auf der Flucht zu den Taurern, die dazu verpflichtet sind, Fremde der Diana zu opfern. Davor wiederum rettet Iphigenie eine (vorläufige) Aussetzung des Opferritus durch Thoas, den taurischen König."[2] Dies entspricht dem aufgeklärten Denken insofern, als die Moralität in der individuellen Verantwortung des Einzelnen liegt.

---

1 Dörr, Volker C.: Weimarer Klassik. Paderborn: Wilhelm Fink 2007, S. 122.
2 Ebd.

„Kultivierte Barbaren“ – Taurer und Griechen vergleichen

Griechen	Taurer
Orest	**Thoas**
Pylades	**Arkas**

Aufgaben

1 In *Iphigenie auf Tauris* treffen Griechen und Taurer aufeinander. Notieren Sie stichpunktartig, welche Haupteigenschaften Sie den beiden Gruppen nach der Lektüre zuschreiben würden.

2 Charakterisieren Sie die Figuren Orest, Pylades, Thoas und Arkas in Stichpunkten unter Angabe von Textstellen.

3 Beurteilen Sie Taurer und Griechen bzw. deren Protagonisten mit Bezug auf das dem Stück zugrundeliegende Humanitätsideal.

Thoas in stillen Stunden – Einen Monolog verfassen

Diese KV stellt die Auseinandersetzung mit der Figur des Taurerkönigs in den Mittelpunkt. Thoas ist als Figur zwar differenziert gezeichnet, seine Motive liegen jedoch teilweise im Unklaren. Diese Leerstellen des Schauspiels sollen über einen kreativen Schreibauftrag (Aufgabe 3) geschlossen werden. Gleichzeitig wird der Monolog als spezifische Form der Figurenrede eingehender betrachtet (Aufgabe 1 und 2).

Erläuterungen zu Aufgabe 1

lyrischer Monolog: z. B. IV,5 (Iphigenie)
Reflexions-Monolog: z. B. IV,1 (Iphigenie) oder V,2 (Thoas)
epischer Monolog: z. B. I,1 (Iphigenie)
Konflikt-Monolog: –

Erläuterungen zu Aufgabe 2

Es sollte zu Beginn darauf hingewiesen werden, dass der Blankvers von den Schüler/innen in ihren Monologen nicht übernommen werden muss. Natürlich gehört es zur ästhetischen Ausgestaltung des Monologs, sich an der Sprachebene des Dramas zu orientieren – der Schwerpunkt sollte jedoch in der Bearbeitung und der anschließenden Auswertung darauf gelegt werden, ob Thoas' Motive und Empfindungen deutlich geworden sind und ob die vorgegebene Art des Monologs umgesetzt wurde.

Beispiel für den Beginn eines lyrischen Monologs:

Bin König ich in meinem Reiche nicht?
Wo schon ein Weib es wagt, mir selbst zu trotzen!
Und ich – ein Narr! Für tiefe Neigung hielt
Seit auf verschlungnem Pfad Diana selbst
Sie, wie sie sagt, nach Tauris mir gebracht,
Ich manchen Blick und manches Wort, das doch
Wie ich erkenne, wohl erkennen muss
Bloß Achtung vor dem König, vor dem Alter
Und nie ein Zeichen echter Neigung war.
…

Beispiel für den Beginn eines Konfliktmonologs:

Nun gilt es König sein und auch so handeln.
Mit meinem Schwerte sollte ich den stolzen Jüngling selbst
Für seinen Frevel bestrafen?
Meinem Volke sollte dies ein Zeichen sein,
Dass noch der alte König die Zügel fest in Händen hält.
Doch etwas lässt mich zögern.
Sind es die Worte meiner Priesterin
Oder erkenn ich selbst mich in dem Ungestümen?
…

Thoas in stillen Stunden – Einen Monolog verfassen

Monolog

griech.: **monos:** allein; **logos:** Rede
Der Monolog ist im Gegensatz zum Dialog ein „Selbstgespräch" und findet vor allem im Drama Verwendung. Er richtet sich nicht direkt an einen Zuhörer, sondern an eine imaginäre Person. Faktisch ist natürlich das Publikum Adressat des Monologisierenden. [...]
Die Funktionen des Monologs im Drama sind so vielfältig wie seine Erscheinungsweisen. Klassisch ist eine Kategorisierung, die die inhaltliche Seite betont. So wird ein Monolog, in dem sich der Held mit all seinen Gefühlen offenbart, als lyrischer Monolog bezeichnet. Der Reflexions-Monolog dagegen bietet den Figuren die Möglichkeit, das vergangene und das zukünftige Geschehen sowie die gegenwärtige Situation aus ihrer individuellen Perspektive zu bedenken. [...] Als epischen Monolog bezeichnet man die Darstellung von Nicht-Darstellbarem, die Zusammenfassung der bisherigen Handlung und die informierende Vorbereitung eines neuen Aktes oder des gesamten Stückes. Letzteres wird in der Literatur auch Expositionsmonolog genannt, der den Zuschauer vor allem in die historische Zeit des Dramas und in die Gefühlslagen der Handelnden einführen soll. [...] Den dramatischsten und wahrscheinlich bekanntesten Monolog nennen wir zum Schluss: den Konflikt-Monolog. Er wird zumeist auf dem Höhepunkt der dramatischen Entwicklung vom Helden gesprochen. In ihm wägt er das Für und Wider bestimmter Handlungsmöglichkeit ab, bedenkt er Alternativen, verwirft sie wieder und kommt letztendlich zu einer Entscheidung. Diese Entscheidung führt entweder die Lösung eines Konfliktes herbei oder bereitet die Katastrophe vor. [...]

Nach: Reinhardt-Becker, Elke: Monolog. In: Einladung zur Literaturwissenschaft. Ein Internetvertiefungsprogramm zum Selbststudium. In: https://www.uni-due.de/einladung/index.php?option=com_content&view=article&id=345%3A7-3-monolog&catid=42%3Akapitel-7&Itemid=53 (Stand: 19.12.2013)

Bernhard Minetti als Thoas

Aufgaben

1 Für welche der in der Definition genannten Formen des dramatischen Monologs lassen sich Beispiele in Goethes *Iphigenie* finden? Begründen Sie Ihre Zuordnung.

2 Entscheiden Sie sich für eine der folgenden Aufgaben:
a) Verfassen Sie einen lyrischen Monolog aus der Perspektive von Thoas am Ende von I,4.
b) Schreiben Sie einen Konflikt-Monolog aus der Perspektive von Thoas am Ende von V,4.

3 Stellen Sie Ihre Monologe im Kurs vor und diskutieren Sie, ob diese der Textsorte entsprechen und der Figur Thoas gerecht werden.

Eine Tochter aus gutem Hause? – Iphigenies Stammbaum erläutern

Anhand dieser KV beschäftigen sich die Schüler/innen mit dem Tantalidenfluch bzw. dessen Auswirkungen auf Iphigenies Familie. Hierfür ist eine genaue Auseinandersetzung mit ausgewählten Textstellen notwendig.

Erläuterungen zu den Aufgaben 1 und 2

Tantalos
Urvater des Geschlechts der Tantaliden

Pelops
Sohn von Tantalos; erwarb sich durch Verrat und Mord das „schönste Weib“

Thyest
Sohn von Pelops; ermordet mit Atreus einen Bruder; betrügt seinen Bruder Atreus mit dessen Frau; entführt Atreus' Sohn und stiftet ihn zum Mord an dessen Vater an

Atreus
Sohn von Pelops; tötet seinen eigenen Sohn in der Annahme, es sei Thyests Sohn; ermordet mit Thyest einen Bruder; rächt sich an Thyest, indem er dessen Söhne entführt und tötet und sie ihrem Vater zum Essen vorsetzt

Ägisthos
Sohn von Thyest; hintergeht Agamemnon mit dessen Frau Klytämnestra und ermordet mit ihr Agamemnon

Agamemnon
Sohn von Atreus; rächt seinen Vater, indem er Thyest ermordet; als König von Mykene opfert er für einen günstigen Ausgang des Trojanischen Kriegs seine Tochter Iphigenie

Elektra
Tochter Agamemnons; stachelt ihren Bruder Orest zum Mord an Klytämnestra und Ägisthos an

Orest
Sohn von Agamamnon; rächt seinen Vater, indem er seine Mutter Klytämnestra und Ägisthos ermordet

Iphigenie
Tochter von Agamemnon; wurde von Diana vor der Opferung gerettet und versieht nun auf Tauris das Amt der Diana-Priesterin

Erläuterungen zu Aufgabe 3

Die Ungeheuerlichkeit der Verbrechen, die auf dem Geschlecht der Tantaliden lasten (auch wenn der Muttermord Orests Thoas zunächst noch gar nicht bekannt ist), stellen in einer Gesellschaft, in der Verwandtschaft und Abstammung von zentraler Bedeutung für die Identität und das Ansehen des Einzelnen sind, eine große Hypothek dar. Demgegenüber ist die Abstammung von Tantalos kein Makel, sondern eine Auszeichnung, wie Thoas' Reaktion zu erkennen gibt.
Dennoch lassen sich an Thoas' Reaktion auf Iphigenies Offenbarung Eigenschaften bzw. Fähigkeiten erkennen, welche auch am Schluss wieder zum Tragen kommen: Thoas hat aufrichtiges Interesse am Schicksal Iphigenies und hört interessiert zu. Er zeigt Anteilnahme, verurteilt Iphigenie jedoch nicht und verändert auch nicht seine Beziehung zu ihr.

Eine Tochter aus gutem Hause? – Iphigenies Stammbaum erläutern

Aufgaben

1 Lesen Sie die Verse 300–436 sowie 952–1093 und legen Sie einen Stammbaum für Iphigenie an. Ergänzen Sie diesen mit kurzen Informationen zu den einzelnen Personen.

2 Erläutern Sie Ihren Mitschülerinnen und Mitschülern den Stammbaum in einem freien Vortrag.

3 Diskutieren Sie: Warum zögert Iphigenie, ihre Herkunft bekanntzugeben?
Wie beurteilen Sie Thoas' Reaktion (V. 433 ff.)?

„Wo mein Wille ist, ist auch mein Weg?" – Eine Podiumsdiskussion zum Thema „Autonomie" durchführen

Diese KV leitet ein handlungsorientiertes Verfahren an, in dessen Verlauf die Schüler/innen sich ein Urteil bilden über ein zentrales Thema, das an Goethes Schauspiel geknüpft ist. Dabei müssen sie verschiedene Urteilsmaßstäbe einander gegenüberstellen bzw. reflektieren.

Erläuterungen zu Aufgabe 1

Die Schüler/innen sollen möglichst selbstständig eine Position entwickeln und argumentativ vertreten. Die Themenkarte hilft ihnen bei der Vorbereitung. Es kann sinnvoll sein, vorher im Kurs Ideen zu sammeln, aus welchen Perspektiven man das Thema „Autonomie" heutzutage angehen kann, z. B.:

Zugang zum Thema	Beispielfragen
juristisch	• Was darf ich unter welchen Bedingungen selbst bestimmen?
politisch	• Kann ich unabhängig in meinem politischen System partizipieren? • In welcher Form und in welchem Maße kann ich dies tun?
medizinisch	• Was ist die gesundheitliche Voraussetzung dafür, autonom zu leben? • Wie kann ich in Alter und Krankheit Autonomie bewahren oder zurückgewinnen?
pädagogisch	• Wie viel Autonomie darf/kann/will und muss Kindern oder Jugendlichen zugestanden werden?
wirtschaftlich	• Welche materiellen Voraussetzungen benötige ich, um in meiner Gesellschaft autonom leben zu können? • Welche Wirtschaftsbeziehungen muss ich eingehen, um diese wirtschaftliche Autonomie zu erhalten?
theologisch	• Gab Gott dem Menschen die Freiheit, sein Handeln selbst zu bestimmen?
neurobiologisch	• Gibt es einen freien Willen oder sind wir biologisch determiniert?
...	

Im Vorfeld der Diskussion kann im Kurs gemeinsam entschieden werden, ob die Schüler/innen in der Podiumsdiskussion authentisch als sie selbst auftreten, oder ob sie die Rolle von „Experten" aus einigen der o. g. Bereiche spielen.

Erläuterungen zu Aufgabe 2

Es kann je nach Kursgröße und -zusammensetzung sinnvoll sein, im Vorfeld eine Moderatorin bzw. einen Moderator zu bestimmen.
Je nach Schwerpunktsetzung kann die Auswertung nach verschiedenen – vorher festgelegten – Kriterien erfolgen: Die Stichhaltigkeit bzw. Plausibilität der Sachargumente sollte differenziert von der Darstellungsleistung betrachtet werden.

„Wo mein Wille ist, ist auch mein Weg?“ – Eine Podiumsdiskussion zum Thema „Autonomie“ durchführen

Autonomie

Der Begriff „Autonomie“ bezeichnet im allgemeinen bzw. politischen Sinne Selbstständigkeit und die Möglichkeit, wesentliche Entscheidungen für sich selbst unabhängig von anderen zu treffen. Im philosophischen Sinne meint Autonomie, bezogen auf den Menschen, zunächst Willensfreiheit, d. h. die grundsätzliche Fähigkeit, selbstständige Entscheidungen unabhängig von einer höheren Instanz (z. B. Gott, Schicksal, Vorsehung o. Ä.) zu treffen.
Die Frage nach der menschlichen Autonomie gegenüber einem scheinbar übermächtigen Schicksal und dem Eingreifen der Götter wird in *Iphigenie auf Tauris* problematisiert. Welche Möglichkeiten und Grenzen menschlicher Selbstbestimmung existieren, wird jedoch auch heute noch diskutiert.

Themenkarte „Wo mein Wille ist, ist auch mein Weg?“

Meine Haltung zum Thema „Autonomie“:

____

____

____

Meine wichtigsten Argumente und Beispiele:

____

____

____

____

____

Ein mögliches Gegenargument, das ich leicht entkräften kann:

____

____

____

____

Ein Motto oder Spruch, das/der meine Haltung auf den Punkt bringt:

____

____

Aufgaben

1 Setzen Sie sich allein mit dem Thema „Wo mein Wille ist, ist auch mein Weg?“ auseinander, indem Sie die Themenkarte für sich ausfüllen.

2 Bereiten Sie anhand Ihrer Themenkarten eine Podiumsdiskussion zum Thema „Wo mein Wille ist, ist auch mein Weg?“ vor und führen Sie diese durch.

Der Blankvers – Die sprachliche Gestaltung untersuchen

Diese KV lenkt die Aufmerksamkeit der Schüler/innen auf die sprachliche Gestaltung des Dramas, insbesondere auf die Versform der Fassung von 1787. Dabei sollen die Schüler/innen zum einen textbezogen eine kritische Beurteilung der Versform vornehmen (Aufgabe 2), zum anderen aber auch die Komplexität der sprachlichen Leistung erfahren, indem sie selbst das Schreiben in Blankversen erproben (Aufgabe 3).

Erläuterungen zu Aufgabe 1

Goethe bediente sich in *Iphigenie auf Tauris* des Blankverses, eines fünfhebigen Jambus. Sofern die Schüler/innen die Merkmale des Blankverses nicht kennen, ist es notwendig, sie entweder danach recherchieren zu lassen oder eine Definition vorzugeben.

Hintergrundinformationen zum Blankvers:
Der in England entstandene Blankvers ist weniger ein Lyrik- als vielmehr ein Dramenvers. Shakespeare schrieb seine Dramen vorzugsweise in Blankversen, in Deutschland entdeckten die Dramatiker des 18. Jahrhunderts im Zuge der allgemeinen Shakespeare-Euphorie diesen Vers für sich. [...] Der Blankvers ist ein jambisch fünfhebiger, reimloser Vers, der, je nachdem, ob er betont (männlich) oder unbetont (weiblich) endet, aus zehn oder elf Silben besteht. Im Gegensatz zum sechshebigen Alexandriner verfügt der Blankvers nicht über eine feste Zäsur und wurde schon vom späten Shakespeare selbst relativ frei, mit Nähe zur Prosa, gehandhabt (Wegfallen der Eingangssenkung, Doppelsenkungen, Hebungsprall durch eine fehlende Senkung, einzelne Vier- oder Sechsheber). Die Flexibilität des Blankverses erweist sich für die dramatische Dynamik als Vorteil.

Nach: Reinhardt-Becker, Elke: Monolog. In: Einladung zur Literaturwissenschaft. Ein Internetvertiefungsprogramm zum Selbststudium. In: http://www.uni-due.de/einladung/index.php?option=com_content&view=category&layout=blog&id=31&Itemid=54 (Stand: 27.10.2013)

Erläuterungen zu Aufgabe 2

Die Versfassung als sprachliche Idealisierung vergrößert gegenüber der Prosa-Fassung neben der inhaltlichen Distanz auch die sprachliche.
Die Versform unterstreicht eindrucksvoll, dass sich das Geschehen nicht im realen, sondern im mythologischen Raum abspielt. Sie unterstützt den Eindruck einer künstlichen Hochsprache, in der die Figuren ihren Gefühlen in pathetischer und doch gemessener Form Ausdruck verleihen.

Erläuterungen zu Aufgabe 3

Diese Aufgabe soll den Schüler/innen einerseits erfahrbar machen, dass es sich bei dem Drama in Versen um ein Sprachkunstwerk handelt, dessen Wirkung nicht allein auf Handlung und Figuren beruht. Zudem erfahren vermutlich die meisten Schüler/innen, dass der Blankvers nach einer gewissen Eingewöhnungszeit durch seinen Rhythmus zunehmend die Formulierungsarbeit erleichtert.

Beispiel für einen beliebigen Text, der in Blankverse übertragen wurde:

Prosafassung	Versfassung	Merkmale der Versfassung
Ballspiele sind auf dem Schulhof mit Schaumstoffbällen erlaubt. Der Unterricht darf durch Ballspiele nicht gestört werden.	Mit Schaumstoffbällen darf man werfen, so man auf dem Schulhof ist und drauf achtgibt, nur nicht beim Spiel den Unterricht zu stören.	5 Hebungen, 10 Silben (letzte betont) 5 Hebungen, 10 Silben (letzte betont) 5 Hebungen, 11 Silben (letzte unbetont)

Der Blankvers – Die sprachliche Gestaltung untersuchen

Iphigenie auf Tauris (Prosafassung von 1781)

Fünfter Aufzug, Siebter Auftritt

[...]

THOAS: Wenn auch dies allen Zweifel hübe, seh ich doch nicht, wie ohne der Waffen Ausspruch wir enden können. Du hast bekannt, dass sie das Bild der Göttin mir zu rauben gekommen sind. Es möchte nun wohl schwerfallen, den Anschlag zu vollführen. Die Griechen lüstet's öfter nach der Barbaren Gütern, dem Goldenen Vliese und den schönen Pferden. Doch haben sie nicht immer durch Gewalt und List gesiegt.

[...]

Aus: Goethe, Johann Wolfgang: Sämtliche Werke. Stuttgart: Cotta 1869

Iphigenie auf Tauris (endgültige Fassung 1787)

Fünfter Aufzug, Sechster Auftritt

[...]

THOAS: Und hübe deine Rede jeden Zweifel
Und bändigt' ich den Zorn in meiner Brust,
So würden doch die Waffen zwischen uns
Entscheiden müssen; Frieden seh ich nicht.
Sie sind gekommen, du bekennest selbst,
Das heil'ge Bild der Göttin mir zu rauben.
Glaubt ihr, ich sehe dies gelassen an?
Der Grieche wendet oft sein lüstern Auge
Den fernen Schätzen der Barbaren zu,
Dem goldenen Felle, Pferden, schönen Töchtern;
Doch führte sie Gewalt und List nicht immer
Mit den erlangten Gütern glücklich heim.

[...]

Aus: Goethe, Johann Wolfgang: Iphigenie auf Tauris. Berlin: Cornelsen Schulverlage GmbH 2013, V. 2095–2106

Aufgaben

1 Bestimmen Sie die vorherrschende Versform in der endgültigen Fassung der *Iphigenie auf Tauris.*

2 Vergleichen Sie den Auszug aus der Prosa-Fassung von 1781 mit der Versfassung von 1787 hinsichtlich ihrer Wirkung auf die Rezipienten.

3 Wählen Sie eine Passage aus einem beliebigen Prosatext aus und übertragen Sie diesen in die Versform von Goethes Schauspiel. Tauschen Sie sich anschließend über den Arbeitsprozess und die Arbeitsergebnisse aus.

Ein Lied sagt mehr als tausend Worte – Eine Stimmenskulptur modellieren

Diese KV fokussiert das Lied der Parzen in seiner inhaltlichen und funktionalen Bedeutung. Der düster und archaisch anmutende Text soll dabei zunächst über seine unmittelbare Wirkung auf den Rezipienten erschlossen werden (Aufgabe 1). Hierzu wird der Text in einer handlungsorientierten Bearbeitung durch die Schüler/innen noch verstärkend ausgestaltet (Aufgaben 2 und 3), bevor die besondere Bedeutung des Liedes als Höhepunkt von Iphigenies Konflikt mit den Göttern erörtert wird (Aufgabe 4).

Erläuterungen zu Aufgabe 1

Die Parzen – Schicksalsgöttinnen, welche die Lebensfäden der Menschen spinnen – sangen der Überlieferung nach beim Sturz von Tantalos dieses Lied als Anklage der olympischen Götter: Die Menschen sollten diese und ihre Willkür fürchten. Wer von ihnen begünstigt wird, solle sie umso mehr fürchten, denn wenn es zum Streit komme, würden sie die zuvor Erhobenen umso tiefer fallen lassen, vergessen und ihnen keine Gerechtigkeit zuteil werden lassen. Der Kampf und die Grausamkeit entspreche ihrem Wesen, wie sich schon bei der Überwindung der Titanen gezeigt habe. Verliere ein Mensch die Gunst der Schicksalsgöttinnen, stürzten diese auch noch dessen Enkel ins Unglück.
Zentrale Begriffe des Liedes der Parzen sind: Furcht, Götter, Wolken, ewig, goldene Tische, Berge, Tiefe, Titanen, Herrschaft.

Erläuterungen zu den Aufgaben 2 und 3

Die Methode der Stimmenskulptur stellt eine produktive Möglichkeit dar, den archaischen, bedrohlichen Ton des Textes und seine Liedhaftigkeit herauszuarbeiten und sinnlich erfahrbar zu machen. Besonders wirkungsvoll sind dabei das chorische Sprechen als Reminiszenz an das antike Drama sowie die leise Wiederholung einzelner Verse im Hintergrund, z. B.: „Es fürchte die Götter / Das Menschengeschlecht!" Im Zuge der Bearbeitung sollte den Schüler/innen auffallen, dass die letzte Strophe einen Kommentar Iphigenies zum Lied der Parzen darstellt. Diese sollte daher in der Stimmenskulptur auch entsprechend akzentuiert werden.

Erläuterungen zu Aufgabe 4

Das Lied der Parzen ist Ausdruck der höchsten Not Iphigenies, da sie das Vertrauen in die Güte der Götter zu verlieren fürchtet. Es enthält eine Drohung und stellt die Götter vornehmlich als wankelmütig, jähzornig, grausam und nachtragend dar. Dieses Götterbild drängt sich Iphigenie in ihrer Not auf, was ihr selbst jedoch missfällt. Sie fürchtet, dass aus ihrem harten Los Widerwille und schließlich Hass auf die Götter entstehen könnte. In dieser Situation muss sie entscheiden, ob sie dem vermeintlichen Götterspruch und Pylades' Plan folgt oder ihrem Gewissen, das ihr den Raub des Kultbildes ebenso verbietet wie die Lüge gegenüber Thoas. Das Lied der Parzen repräsentiert in dieser Situation die Grausamkeit des Mythos, die in Goethes Schauspiel keinen Platz mehr hat. So lässt Iphigenie dann auch das Lied der Parzen nicht unkommentiert stehen, sondern fügt hinzu, dass Tantalos, wenn er die Lieder hört und seiner Nachfahren gedenkt, den Kopf schüttelt. Wie genau diese Geste zu deuten ist, bleibt allerdings offen.

Ein Lied sagt mehr als tausend Worte – Eine Stimmenskulptur modellieren

Es fürchte die Götter
Das Menschengeschlecht!
Sie halten die Herrschaft
In ewigen Händen
Und können sie brauchen,
Wie's ihnen gefällt.

Der fürchte sie doppelt,
Den je sie erheben!
Auf Klippen und Wolken
Sind Stühle bereitet
Um goldene Tische.

Erhebet ein Zwist sich:
So stürzen die Gäste
Geschmäht und geschändet
In nächtliche Tiefen
Und harren vergebens,
Im Finstern gebunden,
Gerechten Gerichtes.

Sie aber, sie bleiben
In ewigen Festen
An goldenen Tischen.
Sie schreiten vom Berge
Zu Bergen hinüber:
Aus Schlünden der Tiefe
Dampft ihnen der Atem
Erstickter Titanen
Gleich Opfergerüchen,
Ein leichtes Gewölke.

Es wenden die Herrscher
Ihr segnendes Auge
Von ganzen Geschlechtern
Und meiden im Enkel
Die ehmals geliebten,
Still redenden Züge
Des Ahnherrn zu sehn.

So sangen die Parzen;
Es horcht der Verbannte,
In nächtlichen Höhlen,
Der Alte, die Lieder,
Denkt Kinder und Enkel
Und schüttelt das Haupt.

Goethe, Johann Wolfgang: Iphigenie auf Tauris. Berlin: Cornelsen Schulverlage GmbH 2013, V. 1726–1766

Methode: Stimmenskulptur

Bilden Sie Gruppen und bestimmen Sie jeweils einen Dirigenten. Die übrigen Mitglieder wählen sich je einen oder mehrere Verse, um diese/n mit verschiedener Betonung immer wieder neu vorzutragen. Der Dirigent gibt an, wer wann seinen Vers spricht.
Experimentieren Sie bei der Erarbeitung mit verschiedenen Sprechweisen (z. B. abwechselnd, im Chor, im Kanon, durcheinander) und Lautstärken.

Aufgaben

1 Klären Sie den Inhalt des Liedes der Parzen und untersuchen Sie, welche Wirkung der Text erzeugt. Achten Sie dabei insbesondere auf zentrale Begriffe und den Klang.

2 Bilden Sie Gruppen. Entwickeln Sie gemeinsam eine Stimmenskulptur.

3 Führen Sie Ihre Stimmenskulpturen auf und vergleichen Sie sie.

4 Erläutern Sie, ausgehend von Ihren Erfahrungen mit dem Text, welche Funktion das Lied der Parzen im Drama erfüllt.

Edle Einfalt, stille Größe – Die klassische Kunstauffassung erörtern

Die KV konfrontiert die Schüler/innen mit der Laokoon-Gruppe (Aufgabe 1) und der daran anknüpfenden Kunstauffassung Johann Joachim Winckelmanns (Aufgabe 2). Sie regt an zu untersuchen, inwiefern das ästhetische Ideal, das sich an der bildenden Kunst der Antike orientiert, auch Goethe bei der Abfassung seiner *Iphigenie* leitete (Aufgabe 3).

Erläuterungen zu Aufgabe 1

Der Eindruck kann in der Form des „Blitzlichts" abgefragt werden. Hierbei äußert jede/r Gesprächsteilnehmer/in ihren/seinen Spontaneindruck in einem Satz.
Alternativ können die Abbildungen der Laokoon-Gruppe auf Folie kopiert und die Schüler/innen aufgefordert werden, still nach vorne zu kommen und Begriffe, die sie assoziieren, um die Abbildungen herum zu schreiben. Bei der Besprechung von Aufgabe 2 könnten dann zentrale Begriffe des Auszugs von Winckelmann mit den Äußerungen der Schüler/innen abgeglichen werden.

Erläuterungen zu Aufgabe 2

Manchen Schüler/innen wird es auch nach der Besprechung von Winckelmanns Thesen nicht leichtfallen, dessen Formel „edle Einfalt und stille Größe" im Kern zu erfassen. Es sollte daher deutlich gemacht werden, dass eine gewisse Unschärfe ein Merkmal von Winckelmanns Text ist. Er bestimmt seinen Gegenstand nicht mit definitorischer Exaktheit, sondern lässt die Suche nach dem treffenden Ausdruck erkennen, der gewissermaßen umkreist wird, wobei ein unscharfer Begriff mit dem anderen zu erklären versucht wird.
Unabhängig davon kann zunächst der entwickelte Gedankengang nachvollzogen werden:

- Die bedeutenden Werke der griechischen bildenden Kunst zeichnen sich durch „eine edle Einfalt und eine stille Größe" bezüglich Körperhaltung und Ausdruck aus.
- Sie zeigen „bei allen Leidenschaften eine große und gesetzte Seele".
- Ein hervorragendes Beispiel dafür ist nach Winckelmann die Laokoon-Gruppe. Hier sieht er Leiden und Schmerz dargestellt, die jedoch nicht in Wut oder Raserei übergehen, was Empathie und Bewunderung des Betrachters aber gerade steigere.
- Ein solches Werk zu schaffen, bedarf nicht nur handwerklichen Könnens und einer genauen Beobachtungsgabe des Künstlers, sondern auch einer Persönlichkeit, einer „Stärke des Geistes", die der Künstler „in sich selbst fühlen" müsse.
- Werden die Leidenschaften hingegen zu heftig dargestellt, verfällt der Ausdruck des Werkes zur Parenthyrsis, zum übertriebenen und mithin nicht mehr wirksamen Pathos.
- Am ehesten gelingt die Darstellung, indem man den Körper im Zustand der Ruhe darstellt.
  Heftige Bewegung ist nicht geeignet, um die Selbstbeherrschung darzustellen.
- Dieser Ausdruck ist durch das richtige Maß gekennzeichnet, eben „nicht gleichgültig oder schläfrig", sondern „ruhig, aber zugleich wirksam" (Z. 47 f.) zu sein.

Erläuterungen zu Aufgabe 3

Ob Goethes Schauspiel die von Winckelmann geforderte „edle Einfalt und stille Größe" aufweist, hängt nicht zuletzt vom jeweiligen Rezipienten ab. Dennoch lässt sich herausarbeiten, dass der Text dem Ideal zu entsprechen sucht: Die Leidenschaften der Figuren sind gebändigt und die wichtigsten Vorgänge finden im Innern der Figuren statt. Die Sprache der Figuren wirkt selbst während des Kampfes durch den Blankvers gebändigt.

Edle Einfalt, stille Größe – Die klassische Kunstauffassung erörtern

Laokoon ist der antiken Mythologie zufolge ein trojanischer Priester, der auf göttliches Geheiß gemeinsam mit seinen Söhnen von giftigen Schlangen getötet wird. Die Abbildung zeigt einen Ausschnitt der etwa 50 v. Chr. entstandenen Laokoon-Gruppe. Das Werk wurde u. a. von Gotthold Ephraim Lessing (1729–1781), Johann Joachim Winckelmann (1717–1768) sowie Goethe intensiv rezipiert und wurde prägend für die Epoche der Klassik.

Johann Joachim Winkelmann: Gedanken über die Nachahmung griechischer Werke

Das allgemeine vorzügliche Kennzeichen der griechischen Meisterstücke ist endlich eine edle Einfalt und eine stille Größe, sowohl in der Stellung als im Ausdrucke. So wie die Tiefe des Meers allezeit ruhig bleibt, die Oberfläche mag noch so wüten, ebenso zeiget der Ausdruck in den Figuren der Griechen bei allen Leidenschaften eine große und gesetzte Seele. Diese Seele schildert sich in dem Gesicht Laokoons, und nicht in dem Gesichte allein, bei dem heftigsten Leiden. Der Schmerz, welcher sich in allen Muskeln und Sehnen des Körpers entdecket und den man ganz allein, ohne das Gesicht und andere Teile zu betrachten, an dem schmerzlich eingezogenen Unterleibe beinahe selbst zu empfinden glaubet; dieser Schmerz, sage ich, äußert sich dennoch mit keiner Wut in dem Gesichte und in der ganzen Stellung. Er erhebet kein schreckliches Geschrei [...]; es ist vielmehr ein ängstliches und beklemmtes Seufzen [...] Der Schmerz des Körpers und die Größe der Seele sind durch den ganzen Bau der Figur mit gleicher Stärke ausgeteilet und gleichsam abgewogen. Laokoon leidet, [...] sein Elend gehet uns bis in die Seele; aber wir wünschten, wie dieser große Mann, das Elend ertragen zu können. Der Ausdruck einer so großen Seele gehet weit über die Bildung der schönen Natur: Der Künstler musste die Stärke des Geistes in sich selbst fühlen, welche er seinem Marmor einprägete. Griechenland hatte Künstler und Weltweisen in einer Person [...]. Die Weisheit reichte der Kunst die Hand und blies den Figuren derselben mehr als gemeine Seelen ein. [...] Alle Handlungen und Stellungen der griechischen Figuren, die mit diesem Charakter der Weisheit nicht bezeichnet, sondern gar zu feurig und zu wild

© F1 online

waren, verfielen in einen Fehler, den die alten Künstler Parenthyrsis[1] nannten. Je ruhiger der Stand des Körpers ist, desto geschickter ist er, den wahren Charakter der Seele zu schildern: In allen Stellungen, die von dem Stande der Ruhe zu sehr abweichen, befindet sich die Seele nicht in einem gewaltsamen und erzwungenen Zustande. Kenntlicher und bezeichnender wird die Seele in heftigen Leidenschaften; groß aber und edel ist sie in dem Stande der Einheit, in dem Stande der Ruhe. [...] Aber in dieser Ruhe muss die Seele durch Züge, die ihr und keiner andern Seele eigen sind, bezeichnet werden, um sie ruhig, aber zugleich wirksam, stille, aber nicht gleichgültig oder schläfrig zu bilden.

Winckelmann, Johann Joachim: Gedanken über die Nachahmung der griechischen Werke in der Malerei und Bildhauerkunst. Hg. von Ludwig Uhlig. Stuttgart: Philipp Reclam jun. GmbH & Co. KG 1991, S. 117 (gekürzt)

---

1 Parenthyrsis: übertriebenes Pathos

Aufgaben

1. Betrachten Sie die Abbildung der Laokoon-Gruppe und notieren Sie in Stichpunkten, welchen Eindruck diese auf Sie macht.
2. Fassen Sie Winckelmanns Thesen zur Laokoon-Gruppe zusammen und erläutern Sie die Kunstauffassung, die er darin zum Ausdruck bringt.
3. Diskutieren Sie, ob Goethes *Iphigenie* dieser Kunstauffassung entspricht.

Und nichts als die Wahrheit! – Immanuel Kants Begriffe von Lüge und Wahrheit erörtern

Diese KV wird vorausgesetzt für den Klausurvorschlag II: *Sachtextanalyse mit weiterführendem Schreibauftrag.* Sie präsentiert Kants Begründung eines absoluten Wahrheitsgebots. Das Thema lässt sich gut mit schülerorientierten, durchaus provokanten Einstiegen anbahnen, z. B. mit einem Tafelanschrieb „Heute schon gelogen?“ oder einem ähnlichen Impuls.

Erläuterungen zu Aufgabe 1

Laut Kant gibt es keine unschädliche Lüge, da jede Lüge die Integrität und Vertrauenswürdigkeit des Lügners in Zweifel zieht und damit sozialen und geschäftlichen Beziehungen die Basis entzieht. Indem man lügt, spaltet man sich grundsätzlich von der Gesellschaft ab und steht dieser auch nicht mehr als verlässliches Mitglied zur Verfügung.
Hinzu kommt die Unberechenbarkeit des Zufalls. Selbst wenn wir beim Lügen aus guter Absicht handeln, um einen bestimmten Zweck zu erreichen, kann der Zufall diese Absicht zunichtemachen oder gar in ihr Gegenteil verkehren. In diesem Fall trägt man die moralische Schuld am eingetretenen Übel, während man, wenn man bei der Wahrheit bleibt, sich frei von Schuld hält.

Erläuterungen zu Aufgabe 2

Beim stummen Schreibgespräch sitzen oder stehen alle Schüler/innen einer Gruppe um ein größeres Blatt Papier (DIN-A3-Blatt oder DIN-A2-Karton), auf dem eine These bzw. ein Impuls steht. Sie kommentieren zunächst diese These und lesen die Kommentare der anderen Mitglieder, auf die sie wiederum schriftlich antworten können, sodass ein Gespräch entsteht, das für die spätere Auswertung schriftlich fixiert wird. Entscheidend ist, dass nicht gesprochen wird, damit das Gespräch auch tatsächlich dokumentiert wird.
Die Aufgabenstellung ermöglicht verschiedene Varianten in der Durchführung des stummen Schreibgesprächs: entweder in festen Kleingruppen zu verschiedenen oder identischen Thesen oder aber ohne vorherige Gruppenbildung zu verschiedenen Thesen, die im Raum verteilt sind, wobei die Schüler/innen sich frei bewegen können.

Die Schreibgespräche können zur Auswertung bei der zweiten Variante von einem Gruppenmitglied zusammenfassend vorgestellt, oder im Raum zur Betrachtung durch die Kursmitglieder ausgelegt werden. Bei beiden Varianten sollten die wesentlichen Tendenzen am Schluss noch einmal in knapper Form im Kursgespräch gebündelt werden.

Erläuterungen zu Aufgabe 3

Orest berichtet auf Iphigenies Fragen hin zunächst vom Schicksal der Tantaliden, als sei er ein unbeteiligter Dritter. Von Iphigenies Anteilnahme beeindruckt, schämt er sich seiner Lüge und offenbart Iphigenie seine Identität: „Ich kann nicht leiden, dass du, große Seele / Mit einem falschen Wort betrogen werdest. / Ein lügenhaft Gewebe knüpf ein Fremder / Dem Fremden, sinnreich und der List gewohnt, / Zur Falle vor die Füße: zwischen uns / Sei Wahrheit!“ (V. 1076–1081). Mit dieser Tat ermöglicht Orest erst eine echte Beziehung zu Iphigenie, die seine Lüge zuvor verhinderte. Zudem zieht die Offenbarung eine Anerkennung der Schuld und das erneute Durchleben dieser Schuld nach sich, durch das Orest die Möglichkeit der Heilung erhält. Die Entscheidung für die Wahrheit ist also Voraussetzung für das Ende seiner Qual und letztlich die Lösung des Fluchs.

Und nichts als die Wahrheit! – Immanuel Kants Begriffe von Lüge und Wahrheit erörtern

In seiner 1797 erschienen Schrift *Über ein vermeintes Recht, aus Menschenliebe zu lügen* setzt sich der Philosoph Immanuel Kant mit den Thesen von Benjamin Constant (Schriftsteller, Staatstheoretiker und Poltiker, 1767–1830) auseinander. Dieser vertrat die Ansicht, dass Menschen lügen dürften, wenn dies aus Menschenliebe geschähe, also um größeres Unheil abzuwenden.

Immanuel Kant: Über ein vermeintes Recht, aus Menschenliebe zu lügen

Wahrhaftigkeit in Aussagen, die man nicht umgehen kann, ist formale Pflicht des Menschen gegen jeden, es mag ihm oder einem andern daraus auch noch so großer Nachteil erwachsen; und, ob ich zwar dem, welcher mich ungerechterweise zur Aussage nötigt, nicht Unrecht tue, wenn ich sie verfälsche, so tue ich doch durch eine solche Verfälschung, die darum auch (obzwar nicht im Sinn des Juristen) Lüge genannt werden kann, im wesentlichsten Stücke der Pflicht überhaupt Unrecht: d. i. ich mache, so viel an mir ist, dass Aussagen (Deklarationen) überhaupt keinen Glauben finden, mithin auch alle Rechte, die auf Verträgen gegründet werden, wegfallen und ihre Kraft einbüßen; welches ein Unrecht ist, das der Menschheit überhaupt zugefügt wird.

Die Lüge also, bloß als vorsätzlich unwahre Deklaration gegen einen andern Menschen definiert, bedarf nicht des Zusatzes, dass sie einem anderen schaden müsse; wie die Juristen es zu ihrer Definition verlangen [...]. Denn sie schadet jederzeit einem anderen, wenngleich nicht einem andern Menschen, doch der Menschheit überhaupt, indem sie die Rechtsquelle unbrauchbar macht. [...]

Es ist doch möglich, dass, nachdem du dem Mörder auf die Frage, ob der von ihm Angefeindete zu Hause sei, ehrlicherweise mit Ja geantwortet hast, dieser doch unbemerkt ausgegangen ist und so dem Mörder nicht in den Wurf gekommen, die Tat also nicht geschehen wäre; hast du aber gelogen und gesagt, er sei nicht zu Hause, und er ist auch wirklich (obzwar dir unbewusst) ausgegangen, wo denn der Mörder ihm im Weggehen begegnete und seine Tat an ihm verübte: So kannst du mit Recht als Urheber des Todes desselben angeklagt werden. Denn hättest du die Wahrheit, so gut du sie wusstest, gesagt: So wäre vielleicht der Mörder über dem Nachsuchen seines Feindes im Hause von herbeigelaufenen Nachbarn ergriffen und die Tat verhindert worden. Wer also lügt, so gutmütig er dabei auch gesinnt sein mag, muss die Folgen davon [...] verantworten und dafür büßen: so unvorhergesehen sie auch immer sein mögen; weil Wahrhaftigkeit eine Pflicht ist, die als die Basis aller auf Vertrag zu gründenden Pflichten angesehn werden muss, deren Gesetz, wenn man ihr auch nur die geringste Ausnahme einräumt, schwankend und unnütz gemacht wird.

Es ist also ein heiliges, unbedingt gebietendes, durch keine Konvenienzen[1] einzuschränkendes Vernunftgebot, in allen Erklärungen wahrhaft (ehrlich) zu sein.

Aus: Kant, Immanuel: Über ein vermeintes Recht, aus Menschenliebe zu lügen. In: Immanuel Kant: Werke in zwölf Bänden. Band 8, Frankfurt am Main: Suhrkamp Verlag 1977. Erstdruck in: Berlinische Blätter, 1. Jg., 1797, S. 301–314.

1 Konvenienzen: *hier:* Ausreden

Aufgaben

1 Lesen Sie den Auszug aus Kants Schrift und formulieren Sie in eigenen Worten, wieso die Lüge – laut Kant – grundsätzlich Schaden anrichtet und auch nicht in Ausnahmefällen bzw. aus edlen Motiven angewandt werden darf.

2 Führen Sie ein stummes Schreibgespräch zu Kants Auffassung durch. Werten Sie die Schreibgespräche anschließend im Kurs aus.

3 Untersuchen Sie Orests Entscheidung für die Wahrheit im ersten Auftritt des dritten Aufzugs und stellen Sie Bezüge zu Kants Text her.

Der Mensch in Vollendung? – Herders Humanitätsideal in Beziehung zu *Iphigenie auf Tauris* setzen

Über diese KV eignen sich die Schüler/innen einen entscheidenden Aspekt des geistesgeschichtlichen Hintergrunds für Goethes Schauspiel an. Über einen knappen Auszug aus Herders *Ideen zur Philosophie der Geschichte der Menschheit* werden zunächst Schlüsselbegriffe und Begriffsbestandteile in einer Mindmap geordnet (Aufgabe 1). Daran anschließend sollen die Schüler/innen diese Ordnung zu einer sprachlich zeitgemäßeren und für die Schüler/innen selbst verständlichen Definition ausbauen (Aufgabe 2) und diese wiederum in Beziehung zu Goethes Schauspiel setzen (Aufgabe 3).

Erläuterungen zu Aufgabe 1

Beispiel für eine Mindmap zum Textauszug:

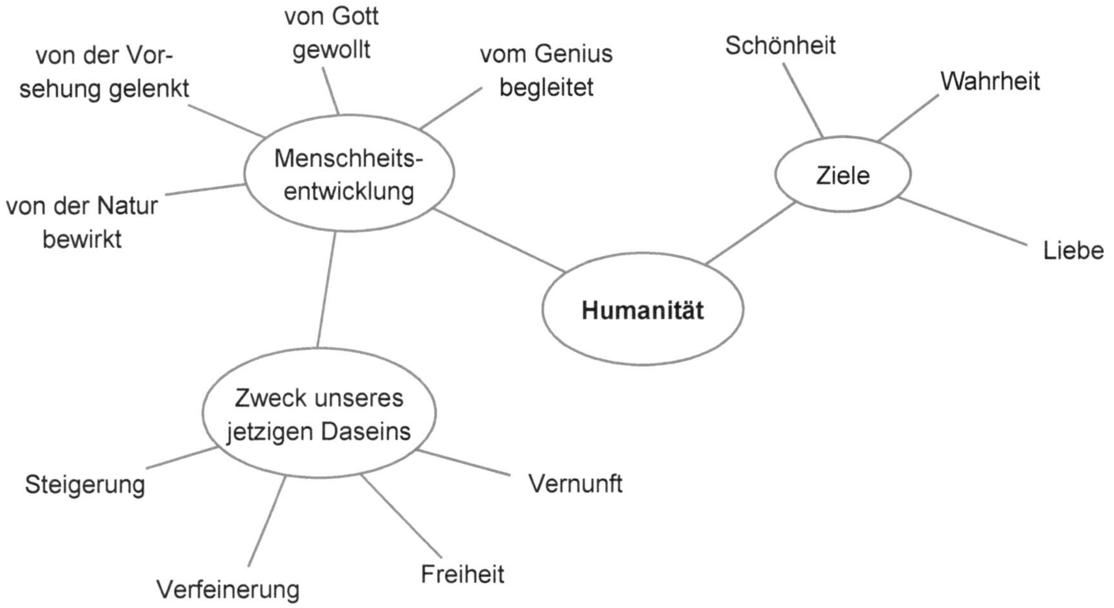

In jedem Fall sollten die Ziele der Humanität aufgegriffen werden sowie die teleologische Vorstellung Herders von einer – aufgrund der von Gott so eingerichteten Natur – zwangsläufig ablaufenden Entwicklung des Menschen hin zur Humanität. Dabei sollte deutlich werden, dass Herder seine Gegenwart auf der unmittelbaren Vorstufe zum Zeitalter der Humanität sieht.

Erläuterungen zu Aufgabe 2

Um eine Definition zu verfassen, müssen die Schüler/innen die in Aufgabe 1 herausgearbeiteten Aspekte verstehen, gewichten und zueinander in Beziehung setzen. Die Definitionen sollten im Vergleich zum Ausgangstext kürzer sowie deduktiv statt induktiv aufgebaut sein. Dabei sollte darauf geachtet werden, dass die Schüler/innen nicht die ausgeprägte Metaphorik Herders paraphrasieren, sondern eigene Formulierungen finden.

Erläuterungen zu Aufgabe 3

Das Humanitätsideal spiegelt sich deutlich im Schauspiel wider: Wahrheit, Freiheit, Vernunft und Harmonie sind für Iphigenie handlungsleitende Motive, in Abstufung auch für die anderen Figuren. Die gesamte formale und sprachliche Gestaltung ästhetisiert den Stoff gemäß der klassischen Kunstauffassung (vgl. die KV *Edle Einfalt, stille Größe*, S. 38 f.).

Der Mensch in Vollendung? – Herders Humanitätsideal in Beziehung zu *Iphigenie auf Tauris* setzen

Johann Gottfried Herder: Ideen zur Philosophie der Geschichte der Menschheit

[…] Ich wünschte, dass ich in das Wort „Humanität“ alles fassen könnte, was ich bisher über des Menschen edle Bildung zur Vernunft und Freiheit, zu feinern Sinnen und Trieben, zur zartesten und stärksten Gesundheit, zur Erfüllung und Beherrschung der Erde gesagt habe; denn der Mensch hat kein edleres Wort für seine Bestimmung, als er selbst ist, in dem das Bild des Schöpfers unserer Erde, wie es hier sichtbar werden konnte, abgedruckt lebt. […]

Aus: Herder, Johann Gottfried: Ideen zur Philosophie der Geschichte der Menschheit. Berlin und Weimar: Aufbau Verlag 1965, Band 1, S. 152.

[…] Wir sahen, dass der Zweck unseres jetzigen Daseins auf Bildung der „Humanität“ gerichtet sei, der alle niedrigen Bedürfnisse der Erde nur dienen und selbst zu ihr führen sollen. Unsere Vernunftfähigkeit soll zur Vernunft, unsere feinern Sinne zur Kunst, unsere Triebe zur echten Freiheit und Schöne, unsere Bewegungskräfte zur Menschenliebe gebildet werden; entweder wissen wir nichts von unserer Bestimmung und die Gottheit täuschte uns mit allen ihren Anlagen von innen und außen (welche Lästerung auch nicht einmal einen Sinn hat), oder wir können dieses Zwecks so sicher sein als Gottes und unsers Daseins.

Und so können wir auch leicht ahnen, was aus unserer Menschheit allein in jene Welt übergehen kann: Es ist eben diese gottähnliche Humanität, die verschlossene Knospe der wahren Gestalt der Menschheit. Alles Notdürftige dieser Erde ist nur für sie; wir lassen den Kalk unserer Gebeine den Steinen und geben den Elementen das Ihrige wieder. Alle sinnlichen Triebe, in denen wir wie die Tiere der irdischen Haushaltung dienten, haben ihr Werk vollbracht; sie sollten bei dem Menschen die Veranlassung edlerer Gesinnungen und Bemühungen werden, und damit ist ihr Werk vollendet. Das Bedürfnis der Nahrung sollte ihn zur Arbeit, zur Gesellschaft, zum Gehorsam gegen Gesetze und Einrichtungen erwecken und ihn unter ein heilsames, der Erde unentbehrliches Joch fesseln. Der Trieb der Geschlechter sollte Geselligkeit, väterliche, eheliche, kindliche Liebe auch in die harte Brust des Unmenschen pflanzen und schwere, langwierige Bemühungen für sein Geschlecht ihm angenehm machen, weil er sie ja für die Seinen, für sein Fleisch und Blut übernehme. Solche Absicht hatte die Natur bei allen Bedürfnissen der Erde; jedes derselben sollte eine Mutterhülle sein, in der ein Keim der Humanität sprosste. Glücklich, wenn er gesprosst ist, er wird unter dem Strahl einer schönern Sonne Blüte werden. Wahrheit, Schönheit und Liebe waren das Ziel, nach dem der Mensch in jeder seiner Bemühungen, auch ihm selbst unbewusst und oft auf so unrechten Wegen, strebte; das Labyrinth wird sich entwirren, die verführenden Zaubergestalten werden schwinden, und ein jeder wird, fern oder nahe, nicht nur den Mittelpunkt *sehn*, zu dem sein Weg geht, sondern du wirst ihn auch, mütterliche Vorsehung, unter der Gestalt des Genius und Freundes, des er bedarf, mit verzeihender, sanfter Hand selbst zu ihm leiten. […]

Aus: Ebd., S. 185ff.

Johann Gottfried Herder (1744–1803)

Aufgaben

1 Stellen Sie Herders Verständnis von „Humanität“ in einer Mindmap dar.

2 Verfassen Sie auf der Grundlage Ihrer Mindmap eine Definition des Begriffs „Humanität“.

3 Diskutieren Sie, inwiefern das Drama *Iphigenie auf Tauris* Herders Humanitätsideal entspricht.

Ein Leben auf einen Blick – Goethes Biografie grafisch darstellen

Diese KV soll die Schüler/innen einerseits auffordern, sich über Daten und Fakten aus Goethes Lebenslauf zu informieren, und sie andererseits für grundsätzliche Probleme der Biografik sensibilisieren.

Erläuterungen zu den Aufgaben 1 und 3

Eine Goethe-Biografie findet sich im Textband zu *Iphigenie auf Tauris* der Cornelsen Literathek.
Die Schüler/innen werden sich bei der Auswahl der „bedeutenden Stationen" wahrscheinlich an den Schwerpunktsetzungen der Biographien orientieren, die sie zur Recherche genutzt haben. Die Entstehung bestimmter Werke, die Eckdaten von Goethes Karriere in Weimar, die Bekanntschaft mit Schiller oder die italienische Reise werden vermutlich überall vorkommen. Darüber hinaus müssen die Schüler/innen aus der Fülle an Werken, Bekanntschaften und Beziehungen auswählen, was ihnen wichtig erscheint. Interessant ist hierbei beispielsweise, ob die Schüler/innen Goethes Liebesbeziehungen höher schätzen als intellektuelle Bekanntschaften mit anderen Dichtern und Philosophen, oder ob sie sein naturwissenschaftliches Werk ebenso herausstellen wie sein poetisches. Die Auswertung in Aufgabe 3 sollte diese Unterschiede oder auch Gemeinsamkeiten der Gruppenergebnisse transparent machen und zum Gespräch über die angemessenen Auswahlkriterien beim Verfassen einer Biografie führen.

Erläuterungen zu Aufgabe 2

Grundsätzlich ist eine Vielzahl von Gestaltungsmöglichkeiten denkbar. Aufgrund der Chronologie bietet sich natürlich eine lineare Darstellung an, allerdings könnte diese z. B. entsprechend der vier Bereiche auf der KV aufgefächert werden (vgl. Beispiel A). Aber auch organischere bzw. nicht-lineare Strukturen sind denkbar; diese Darstellungsweise ist zwar zunächst unübersichtlicher, verdeutlicht aber, dass die Darstellung selbst keinen Anspruch auf Vollständigkeit erheben kann und dass es „Zwischenräume" und „weiße Flecken" gibt (vgl. Beispiel B).

Beispiel A

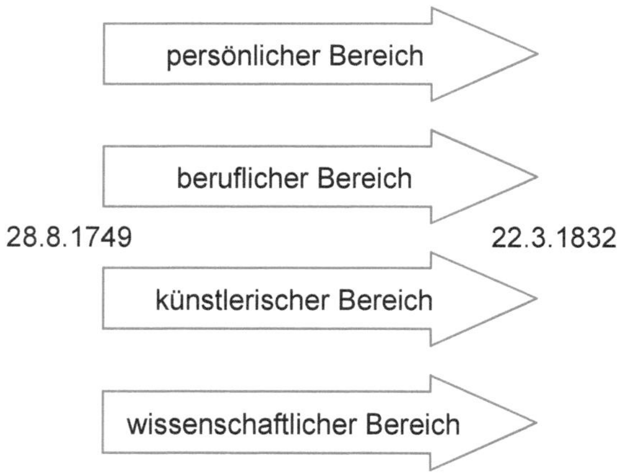

Beispiel B

Schließlich können die Darstellungen mehr oder weniger anschaulich sein, mit Bildern illustriert oder eher abstrakt dargestellt werden.

Ein Leben auf einen Blick – Goethes Biografie grafisch darstellen

Datum/Jahr	Ereignis/Begegnung	Lebens-bereich
28.8.1749	Johann Wolfgang Goethe wird in Frankfurt am Main geboren.	P

P = persönlicher Bereich; B = beruflicher Bereich; W = wissenschaftlicher Bereich; K = künstlerischer Bereich

Aufgaben

1 Informieren Sie sich über die Biografie Johann Wolfgang Goethes. Arbeiten Sie aus Ihrer Sicht bedeutende Stationen heraus und listen Sie diese zunächst tabellarisch auf.

2 Entwerfen Sie auf der Grundlage Ihrer tabellarischen Übersicht ein Plakat mit einem möglichst ansprechend gestaltetem Überblick über Goethes Leben.

3 Vergleichen Sie die verschiedenen im Kurs entstandenen „Goethe-Plakate".
Welche Unterschiede und Gemeinsamkeiten stellen Sie fest?
Inwiefern erzeugen Auswahl und Darstellung der Lebensstationen unterschiedliche Goethe-Bilder?

Von der eisernen Hand zur schönen Seele – Goethe-Dramen vergleichen

Diese KV soll den Schüler/innen Gelegenheit geben, auf induktivem Weg ihre Kenntnisse über die literarischen Epochen des Sturm und Drang und der Klassik aufzufrischen. Hierfür eignet sich aufgrund des deutlichen Kontrasts besonders *Götz von Berlichingen,* der anhand von zwei Szenenauszügen präsentiert wird (Aufgabe 1). Über den Vergleich abstrahieren die Schüler/innen dann selbst Epochenmerkmale (Aufgabe 2) und vergleichen bzw. vervollständigen diese unter Rückgriff auf andere Epochenbeschreibungen (Aufgabe 3).

Sinnvoll ist es, wenn sich die Schüler/innen vor Bearbeitung dieser KV sowohl über den Inhalt des *Götz von Berlichingen* informieren als auch über Epochenmerkmale des Sturm und Drang und der Klassik.

Erläuterungen zu Aufgabe 1

Vergleicht man die beiden vorliegenden Szenenausschnitte aus dem *Götz von Berlichingen* mit der *Iphigenie,* so springen einige Unterschiede direkt ins Auge:

Iphigenie auf Tauris	Götz von Berlichingen
• Verssprache • künstlerische, z. T. sehr artifizielle Sprache • Einheit von Zeit und Ort • wenige Figuren • weibliche Protagonistin • eigenes Handeln wird reflektiert	• Prosa • z. T. drastische Umgangssprache • keine Einheit von Zeit und Ort • Vielzahl an Figuren • männlicher Protagonist • Affekte werden unverblümt dargestellt • prosaische Handlungen, wie das Öffnen der Fenster oder das Einschenken des Weines, werden dargestellt • Konflikte werden gewaltsam ausgetragen

Den Schüler/innen kann zusätzlich zu den Ausschnitten aus dem *Götz von Berlichingen* das folgende Zitat an die Hand gegeben werden, zu dem sie anhand der Dramentexte begründet Stellung nehmen können:

„Goethes Iphigenie ist geradezu das Gegenteil des *Götz von Berlichingen*, obwohl sie das nächste abgeschlossene Stück ist (nach einigen erst später oder gar nicht vollendeten Fragmenten). Dies liegt vor allem im Thema begründet: Ging es im *Götz* noch um den ‚großen' Einzelnen in einem historisch verorteten nationalen Kontext, so geht es in *Iphigenie* nun um das ‚Allgemein-Menschliche' in einer idealisierten griechischen Sagenwelt."

Keller, Jost: Johann Wolfgang von Goethe. Iphigenie auf Tauris. Ein Schauspiel (1787). In: Einladung zur Literaturwissenschaft. Ein Internetvertiefungsprogramm zum Selbststudium. In: http://www.uni-due.de/einladung/Vorlesungen/dramatik/iphigenie.htm (Stand: 19.12.2013)

Neben den Unterschieden zwischen beiden Dramen gibt es jedoch auch einige Gemeinsamkeiten:
- moralische Integrität der Protagonistin / des Protagonisten, die/der ihre/seine Untergebenen und Übergeordneten freundschaftlich bzw. respektvoll behandelt und mutig für eine Sache kämpft
- Protagonistin/Protagonist scheint durch widrige Umstände, nicht durch eigenes Verschulden, in die missliche Lage geraten zu sein
- Götz folgt, ebenso wie Iphigenie, einem Ideal („Freiheit")

Erläuterungen zu Aufgabe 2

Hier soll herausgearbeitet werden, dass der Sturm und Drang im Vergleich zur Klassik insgesamt formal weniger regelhaft (offene Form des Dramas) und nicht an die Hochsprache gebunden war, das überschäumende Gefühl der gemessenen Haltung vorzog, den heroischen Kampf über die vernünftige Konversation und die äußere Handlung über die innere stellte.

Von der eisernen Hand zur schönen Seele – Goethe-Dramen vergleichen

Johann Wolfgang Goethe: Götz von Berlichingen, Dritter Akt (Auszüge)

Die Burg des Ritters Götz von Berlichingen wird von kaiserlichen Truppen belagert. Ein Bote (Trompeter) fordert Götz zur Kapitulation auf.

[...]

Jagsthausen

Götz, Elisabeth, Maria, Sickingen.

[...] **GÖTZ:** Seht nach den Torriegeln. Verrammelt's inwendig mit Balken und Steinen. *(Georg ab.)* Wir wollen ihre Geduld für'n Narren halten, und ihre Tapferkeit sollen sie mir an ihren eigenen Nägeln verkäuen. *(Trompeter von außen.)* Aha! ein rotröckiger Schurke, der uns die Frage vorlegen wird, ob wir Hundsfötter sein wollen. *(Er geht ans Fenster.)* Was soll's?

(Man hört in der Ferne reden.)

GÖTZ *(in seinen Bart)*: Einen Strick um deinen Hals.

(Trompeter redet fort.)

GÖTZ: „Beleidiger der Majestät!" – Die Aufforderung hat ein Pfaff gemacht.

(Trompeter endet.)

GÖTZ *(antwortet)*: Mich ergeben! Auf Gnad und Ungnad! Mit wem redet Ihr! Bin ich ein Räuber! Sag deinem Hauptmann: Vor Ihro Kaiserliche Majestät hab ich, wie immer, schuldigen Respekt. Er aber, sag's ihm, er kann mich – – –. *(Schmeißt das Fenster zu.)*

Götz speist mit seinen Knechten vor dem erwarteten Angriff der kaiserlichen Truppen.

Saal

Götz, Elisabeth, Georg, Knechte bei Tische.

GÖTZ: So bringt uns die Gefahr zusammen. Lasst's euch schmecken, meine Freunde! Vergesst das Trinken nicht. Die Flasche ist leer. Noch eine, liebe Frau. *(Elisabeth zuckt die Achsel.)* Ist keine mehr da?

ELISABTH *(leise)*: Noch eine; ich hab sie für dich beiseitegesetzt.

GÖTZ: Nicht doch, Liebe! Gib sie heraus. Sie brauchen Stärkung, nicht ich; es ist ja meine Sache.

ELISABTH: Holt sie draußen im Schrank!

GÖTZ: Es ist die letzte. Und mir ist's, als ob wir nicht zu sparen Ursach hätten. Ich bin lange nicht so vergnügt gewesen. *(Schenkt ein.)* Es lebe der Kaiser!

ALLE: Er lebe!

GÖTZ: Das soll unser vorletztes Wort sein, wenn wir sterben! Ich lieb ihn, denn wir haben einerlei Schicksal. Und ich bin noch glücklicher als er. Er muss den Reichsständen die Mäuse fangen, inzwischen die Ratten seine Besitztümer annagen. Ich weiß, er wünscht sich manchmal lieber tot, als länger die Seele eines so krüppligen Körpers zu sein. *(Schenkt ein.)* Es geht just noch einmal herum. Und wenn unser Blut anfängt, auf die Neige zu gehen, wie der Wein in dieser Flasche erst schwach, dann tropfenweise rinnt *(tröpfelt das Letzte in sein Glas)*, was soll unser letztes Wort sein?

GEORG: Es lebe die Freiheit!

GÖTZ: Es lebe die Freiheit!

ALLE: Es lebe die Freiheit!

GÖTZ: Und wenn die uns überlebt, können wir ruhig sterben. [...]

Aus: Johann Wolfgang Goethe: Götz von Berlichingen mit der eisernen Hand. In: ders.: Sämtliche Werke. Stuttgart: Cotta 1869

Aufgaben

1 Vergleichen Sie den vorliegenden Auszug aus Goethes Drama *Götz von Berlichingen* mit *Iphigenie auf Tauris*. Wo sehen Sie Gemeinsamkeiten und wo Unterschiede?

2 *Götz von Berlichingen* gilt als typisches Drama des Sturm und Drang, *Iphigenie* als typisch für die Epoche der Klassik. Formulieren Sie, ausgehend von den beiden Texten, Merkmale für beide Epochen.

3 Informieren Sie sich über Kennzeichen der beiden literarischen Epochen und vergleichen Sie diese mit Ihren Arbeitsergebnissen.

Feige oder fortschrittlich? – Das Verhältnis der Klassiker zur Französischen Revolution beurteilen

Die KV stellt den Anspruch der Klassiker, zur Vervollkommnung von Mensch und Gesellschaft auf der Grundlage von Aufklärung und Humanismus beizutragen, in einen Zusammenhang mit der großen politischen und gesellschaftlichen Umwälzung in Europa zu dieser Zeit. Die Wucht der revolutionären Ereignisse in Frankreich war eine Herausforderung nicht nur für Konservative, sondern auch für Vertreter evolutionärer utopischer Konzepte, wie sie die Klassiker in Deutschland mehrheitlich vertraten. Die Schüler/innen werden zunächst dazu angeleitet, sich über die Französische Revolution und deren zeitgenössische Rezeption in Deutschland zu informieren bzw. diese spielerisch nachzuvollziehen (Aufgaben 1 und 2). Daran schließt sich eine schülerorientierte Diskussion zum Thema „Gesellschaftliche Evolution vs. Revolution" an (Aufgabe 3).

Erläuterungen zu Aufgabe 1

Gute Überblicksdarstellungen zur Französischen Revolution sind für Schüler/innen leicht zugänglich: In aller Regel widmen die Lehrwerke im Fach Geschichte diesem Prozess ein ausführliches Kapitel. Darüber hinaus führt auch eine Recherche im Internet schnell zum Erfolg, z. B. unter http://www.historicum.net/themen/franzoesische-revolution/ (Stand: 27.10.2013)

Erläuterungen zu Aufgabe 2

Haltungen gegenüber der Französischen Revolution, die im Text genannt werden:

- längst fällige Erneuerung Frankreichs
- aufgeklärter Absolutismus macht in den deutschen Staaten eine revolutionäre Veränderung eigentlich unnötig
- zu Beginn große Begeisterung, teilweise aber auch Skepsis
- gewaltsame, plötzliche Veränderungen widersprechen der Vorstellung eines kontinuierlich ablaufenden Natur- und Geschichtsprozesses
- große Enttäuschung über Diktatur und „terreur", schwindende Revolutionsbegeisterung
- Vorzug evolutionärer Modelle der Veränderung
- Vorzug einer kulturellen „Revolution" zur langfristigen Veränderung der Gesellschaft hinsichtlich der Mentalität, in deren Folge indirekt auch die politische Situation verbessert werden soll
- Freiheitsbegriff wird nicht im konkreten politischen Sinne verstanden, sondern als philosophischer Begriff beim Nachdenken über das Wesen des Menschen an sich; Konzepte betonen häufig Moral und Geist und vernachlässigen materielle und politische Bedingungen; entworfen werden in einer theoretischen und distanzierten Auseinandersetzung illusionäre Utopien

Folgendes Beispiel für den Beginn einer Spielszene kann den Schüler/innen an die Hand gegeben werden:

In einem Caféhaus

EIN BÜRGER *(legt die Zeitung beiseite)*: Man liest nichts Gutes aus Frankreich – zwar hebt und senkt das Fallbeil sich seit dem Sturz Robbespierres langsamer – doch Freiheit, Gleichheit und Brüderlichkeit sind, wie ich fürchte, auf den Hund gekommen.

EIN ZWEITER BÜRGER *(langsam an einer Pfeife ziehend)*: Ist denn etwas anderes zu erwarten gewesen? Wenn der Pöbel die Herrschaft übernimmt, so ist das gleichbedeutend mit dem Ende aller Ordnung.

EIN DRITTER BÜRGER *(am Nebentisch sitzend)*: Verzeihung, meine Herren, dass ich mich einmische, aber gestatten Sie mir die Bemerkung, dass es um die alte Ordnung zuvor auch nicht gut bestellt war. Gewiss landeten ein paar Bürger, Landgrafen und Pfaffen unter der Guillotine. Soll das den Bauern rühren, dem zuvor das Nötigste vorenthalten wurde? Ein leerer Bauch fängt an zu knurren!

Feige oder fortschrittlich? – Das Verhältnis der Klassiker zur Französischen Revolution beurteilen

Die Französische Revolution in den Jahren 1789 bis 1799 wurde auch in den deutschen Staaten intensiv beobachtet und in gebildeten Kreisen kontrovers diskutiert. Dabei war das Spektrum der Meinungen breit gefächert. Zudem wandelte sich im Verlauf der Revolution auch die Wahrnehmung derselben, sodass man nicht pauschal von einer bestimmten deutschen Haltung sprechen kann. Dennoch lassen sich einige Grundtendenzen und Entwicklungen aufzeigen.

Volker C. Dörr: Historische Grundlagen der Weimarer Klassik

Unter den deutschen Beobachtern wurde die Revolution oft als eine längst fällige Erneuerung Frankreichs begrüßt. Dabei wurde häufig die Meinung formuliert, dass der aufgeklärte Absolutismus in den deutschen Staaten eine revolutionäre Veränderung eigentlich unnötig mache. [...]

Während unter den Autoren der Frühromantik einige [...] zunächst begeisterte Anhänger der Revolution gewesen sind, war Goethe von Beginn an mehr als skeptisch – auch wenn er später durchaus die Notwendigkeit der Revolution in Frankreich anerkannt hat. Gewaltsame, plötzliche Veränderungen widersprachen Goethes Vorstellung eines kontinuierlich ablaufenden Natur- und Geschichtsprozesses, wie eine von seinem berühmten Sekretär Johann Peter Eckermann (1792–1854) berichtete (oder gut erfundene) Äußerung aus dem Jahr 1825 deutlich macht: „Ich hasse jeden gewaltsamen Umsturz, weil dabei ebenso viel Gutes vernichtet als gewonnen wird. Ich hasse die, welche ihn ausführen, wie die, welche dazu Ursache geben [...]. Sie wissen, wie sehr ich mich über jede Verbesserung freue, welche die Zukunft uns etwa in Aussicht stellt. Aber, wie gesagt, jedes Gewaltsame, Sprunghafte ist mir in der Seele zuwider, denn es ist nicht *naturgemäß*."

Mit Schiller und Wieland stimmte Goethe in einer gemäßigten Haltung überein [...]. An sozialen Fragen waren alle drei nicht übermäßig interessiert.

Die sogenannten Septembermorde, die vom 2. bis 7. September 1792 zur „Gefängnisreinigung" durchgeführt wurden, die Hinrichtung König Ludwigs XVI. (1754) am 21. Januar 1793 und schließlich die *terreur*, die Diktatur des Wohlfahrtsausschusses unter den Jakobinern um Maximilien de Robbespierre (1758–1794) führten bei vielen Autoren zu großer Enttäuschung. Vermehrt wurde nun auch für evolutionäre Modelle plädiert – oder für revolutionäre Veränderungen der kulturellen Verhältnisse, für eine „ideologische und moralische Revolution", die nebenher auch eine Verbesserung der politischen Situation zur Folge haben sollte.

Hier zeigt sich, dass „Freiheit" in Deutschland nicht dasselbe meinte wie „liberté" in Frankreich, weil das Moment der Freiheit weiterhin nicht als konkrete politische Größe, sondern wie in der Aufklärungsphilosophie als universelle anthropologische verstanden wurde. Dies gilt für Immanuel Kants Denken ebenso wie für Schillers Konzept der Ästhetischen Erziehung. Dass in der deutschen Diskussion der Französischen Revolution die Moral betont und, prototypisch bei Schiller, unter Bezug auf Natur und antike bildende Kunst eine Lösung der Probleme in der Ästhetik gesucht wurde, kann als Flucht in eine illusionäre „Utopie" gedeutet werden, „die von gesellschaftlichen Rahmenbedingungen grundsätzlich absieht". Jedenfalls handelte es sich um eine sehr theoretische und distanzierte Form der Reflexion [...].

Aus: Dörr, Volker C.: Weimarer Klassik. Weinheim/Basel: Utb 2007, S. 26ff.

Aufgaben

1 Informieren Sie sich über die so genannte erste (1789–1792) und zweite Phase (1792–1794) der Französischen Revolution.

2 Improvisieren Sie, ausgehend von der Darstellung Volker C. Dörrs, eine kleine Spielszene, die im Weimar des Jahres 1795 angesiedelt ist und in der sich Vertreter verschiedener Standpunkte zur Französischen Revolution austauschen.

3 Diskutieren Sie: Wie beurteilen Sie die vorgestellten Ansätze zur Weiterentwicklung der Gesellschaft?

Ein Schauspiel ohne „die sinnliche Kraft, das Leben, die Bewegung" – Einen Briefwechsel erschließen

Diese KV greift Schillers Kommentierung aus dem Briefwechsel von 1802 auf, um den Schüler/innen zu verdeutlichen, dass manches, was sie evtl. durch den zeitlichen Abstand zur Entstehung des Textes als schlicht „veraltet" oder „altertümlich" empfinden, eher auf programmatische bzw. didaktische Entscheidungen zurückgeht.

Erläuterungen zu Aufgabe 1

allgemeine Kritikpunkte	• modern und ungriechisch • die sinnliche Kraft, das Leben, die Bewegung und alles, was zu einem echten dramatischen Werk gehört, fehlen
konkrete Kritikpunkte	• zu viel Morallehre in der Handlung • zu ausführliche Dialoge über Sittlichkeit • Orest-Szenen zu lang, die Darstellung seines Zustandes überhaupt zu gleichförmig und wenig greifbar • äußere Handlung (Bedrohung durch die Taurer) entwickelt sich nicht gleichmäßig spannend und wird nicht deutlich genug dargestellt

Erläuterungen zu Aufgabe 2

Schiller bringt einen Teil der Kritik, welche auch heute von Schüler/innen geäußert wird, in seinen Briefen auf den Punkt: Auf die dramatische Bewegung, das sinnliche Erleben und eine spannende Handlung wird zugunsten langer Reden über moralische Fragen verzichtet. Doch Schiller kritisiert diesen Umstand nicht einfach als Mangel, sondern stellt fest, dass gerade diese Gestaltung das Stück und seine eigentümliche Wirkung auf das Publikum ausmachen. Zudem erkennt er die grundsätzliche sprachliche und philosophische bzw. moralische Bedeutung des Textes an und sieht *Iphigenie* bereits als einen künftigen Klassiker.
Bei der Diskussion dieser einzelnen Punkte sollte folgende Frage ins Zentrum gerückt werden:

Könnte man die *Iphigenie* für die Bühne „spannender" und „aufregender" machen, ohne den Verlust der moralisch erbaulichen Wirkung in Kauf zu nehmen?

Erläuterungen zu Aufgabe 3

In der Wendung „verteufelt human" steckt eine skeptische oder auch spöttische Distanzierung von dem Stück und seiner konsequenten Ausrichtung auf die Idee der Humanität und deren Vermittlung. Auch Goethe werden beim aufmerksamen Wiederlesen seines – inzwischen fünfzehn Jahre alten – Schauspiels die Merkmale nicht entgangen sein, die dem Text laut Volker C. Dörr „in seiner Rezeptionsgeschichte zum Verhängnis geworden" sind: „die klassizistische Strenge der Form und das (scheinbar) modellhaft Humane des Inhalts." (vgl. Dörr, Volker C.: Weimarer Klassik. Weinheim/Basel: Utb 2007, S. 121)

Ein Schauspiel ohne „die sinnliche Kraft, das Leben, die Bewegung“ – Einen Briefwechsel erschließen

Für das Jahr 1802 war eine Aufführung der *Iphigenie* auf der Weimarer Bühne geplant. Hierzu wollte Goethe den Text einer erneuten Durchsicht und Überarbeitung unterziehen, wozu er auch Schillers Rat einholte.

Goethe an Schiller, 19. Januar 1802 [Auszug]

Hiebei kommt die Abschrift des gräcisirenden Schauspiels. Ich bin neugierig, was Sie ihm abgewinnen werden. Ich habe hie und da hineingesehen; es ist ganz verteufelt human.

Aus: Briefwechsel zwischen Schiller und Goethe. 4. Aufl. Bd. 1, Stuttgart 1881.

Schiller an Christian Gottfried Körner, 21. Januar 1802 [Auszug]

Hier wollen wir im nächsten Monat Goethes Iphigenia aufs Theater bringen [...]. Sie ist aber so erstaunlich modern und ungriechisch, daß man nicht begreift, wie es möglich war, sie jemals einem griechischen Stück zu vergleichen. Sie ist ganz nur sittlich; aber die sinnliche Kraft, das Leben, die Bewegung und alles, was ein Werk zu einem ächten dramatischen specificirt, geht ihr sehr ab. [...] Indessen ist dieses Product in dem Zeitmoment, wo es entstand, ein wahres Meteor gewesen [...]; auch wird es durch die allgemeinen hohen poetischen Eigenschaften, die ihm ohne Rücksicht auf seine dramatische Form zukommen, bloß als ein poetisches Geisteswerk betrachtet, in allen Zeiten unschätzbar bleiben.

Aus: Goedeke, Karl (Hrsg.): Schillers Briefwechsel mit Körner. Von 1784 bis zum Tode Schillers. Leipzig 1874.

Schiller an Goethe, 22. Januar 1802 [Auszug]

Ich habe, wie Sie finden werden, weniger Verheerungen in dem Manuscript angerichtet, als ich selbst erwartet hatte [...]. Da überhaupt in der Handlung selbst zu viel moralische Casuistik herrscht, so wird es wohl gethan seyn, die sittlichen Sprüche selbst und dergleichen Wechselreden etwas einzuschränken. Das Historische und Mythische muß unangetastet bleiben, es ist ein unentbehrliches Gegengewicht des Moralischen, und was zur Phantasie spricht, darf am wenigsten vermindert werden.
Orest selbst ist das Bedenklichste im Ganzen; ohne Furien ist kein Orest, und jetzt, da die Ursache seines Zustands [...] bloß im Gemüth ist, so ist sein Zustand eine zu lange und zu einförmige Qual, ohne Gegenstand [...]. Auf jeden Fall aber empfehl' ich Ihnen die Orestischen Scenen zu verkürzen.
Ferner gebe ich Ihnen zu bedenken, ob es nicht rathsam seyn möchte, zur Belebung des dramatischen Interesses, sich des Thoas und seiner Taurier, die sich zwei ganze Acte durch nicht rühren, etwas früher zu erinnern und beide Actionen, davon die eine jezt zu lange ruht, in gleichem Feuer zu erhalten. Man hört zwar im 2ten und 3ten Act von der Gefahr des Orest und Pylades, aber man sieht nichts davon, es ist nichts sinnliches vorhanden, wodurch die drangvolle Situation zur Erscheinung käme. [...]
Es gehört nun freilich zu dem eigenen Charakter dieses Stücks, daß dasjenige, was man eigentlich Handlung nennt, hinter den Koulissen vorgeht, und das Sittliche, was im Herzen vorgeht, die Gesinnung, darin zur Handlung gemacht ist und gleichsam vor die Augen gebracht wird. Dieser Geist des Stücks muß erhalten werden, und das Sinnliche muß immer dem Sittlichen nachstehen; aber ich verlange auch nur soviel von jenem, als nöthig ist, um dieses ganz darzustellen.
Iphigenia hat mich übrigens, da ich sie jezt wieder las, tief gerührt [...]. Seele möchte ich es nennen, was den eigentlichen Vorzug davon ausmacht.

Aus: Briefwechsel zwischen Schiller und Goethe. 4. Aufl. Bd. 1, Stuttgart 1881.

Aufgaben

1 Lesen Sie den Briefwechsel über Goethes *Iphigenie auf Tauris* aus dem Jahr 1802. Listen Sie die Kritikpunkte Schillers an der *Iphigenie* auf. Unterscheiden Sie dabei zwischen konkreten und allgemeinen Kritikpunkten.

2 Erörtern Sie die einzelnen Kritikpunkte.

3 Goethe selbst bezeichnet sein Stück rückblickend als „verteufelt human“.
Diskutieren Sie, wie diese Äußerung zu verstehen sein könnte.

Iphigenie*n* – Stoffvarianten vergleichen

Die Aufgaben dieser KV erfordern den Vergleich von Varianten des Iphigenie-Stoffs. Für die Bearbeitung der Aufgaben reicht es zunächst, wenn die Schüler/innen sich über den Inhalt der Stücke informieren. Bei vollständiger Lektüre der Texte eignet sich die KV auch als Anregung für Facharbeiten oder umfangreichere Referate. Im Zuge der Auseinandersetzung wird augenfällig, wie Goethe den Mythos in seiner Bearbeitung „humanisiert" (Aufgabe 1), und wie Hauptmann ihn demgegenüber radikalisiert (Aufgabe 2) – beide jeweils unter dem Eindruck des Zeitgeistes bzw. einer bestimmten Zukunftserwartung. Damit wird die Frage aufgeworfen, ob der Stoff an sich zeitlos ist oder einer periodischen Reaktualisierung bedarf (Aufgabe 3).

Erläuterungen zu Aufgabe 1

	Euripides: ***Iphigenie bei den Taurern***	**Goethe:** ***Iphigenie auf Tauris***
Ausgangssituation	Iphigenie von Diana nach Tauris entrückt	Iphigenie von Diana nach Tauris entrückt
Menschenopfer	Iphigenie vollzieht das Menschenopfer während ihrer Zeit als Priesterin	Iphigenie sorgt für die Aussetzung des Menschenopfers; sie selbst hat es nie vollzogen
Iphigenie Verhältnis zum Vater	vorwurfsvoll	sehnsüchtig, ohne jeden Groll
Orests Wahn	Erinnyen sind leibhaftige Rachegöttinnen	Erinnyen (Furien) existieren in Orests Vorstellung
Lösung des Fluchs	Erfüllung des göttlichen Gebots; Entführung des Standbilds der Diana	Heilung durch die Aussprache der Schuld und Iphigenies Anteilnahme
Haltung von Thoas am Ende	Thoas beugt sich dem Willen Dianas, welche ihn direkt auffordert, ihre Schützlinge ziehen zu lassen	Thoas entscheidet sich – aus Humanität sowie aufgrund der Deutung des göttlichen Willens durch Orest – gnädig und lässt die Griechen im Guten ziehen
Griechen vs. Barbaren	Griechen sind zivilisiert, Barbaren grausam und unzivilisiert	Griechen und Barbaren haben gleichermaßen gute wie problematische Eigenschaften

Bearbeitung des Iphigenie-Stoffs durch Gerhart Hauptmann

„Das in der Handlungsabfolge letzte Stück der *Atriden-Tetralogie*, die dreiaktige Tragödie *Iphigenie in Delphi*, wurde von Hauptmann als Erstes geschrieben. Der Autor las im Jahr 1940 einen Auszug aus Goethes *Italienischer Reise* und stieß darin auf dessen Plan, als Ergänzung zu seiner *Iphigenie auf Tauris* eine *Iphigenie in Delphi* zu schreiben. [...] Hauptmanns Dichtung zeigt zwar die Anlehnung an das ältere Vorbild, doch findet man hier nichts von der ‚reinen Menschlichkeit', die Goethes Iphigenie zu verkörpern hat. Anders als dort ist die Situation des Menschen hier dadurch gekennzeichnet, dass es ihm unmöglich ist, sich selbst, sein Verhältnis zu den Göttern und der Welt zu durchschauen oder gar zu beeinflussen. Die ethischen Grundwerte des deutschen Idealismus und der klassischen Dramatik sind hier aufgehoben, da sie sich als nicht mehr tragfähig erwiesen haben. Stattdessen wird das menschliche Schicksal ins Mythische zurückgenommen: Die Götter sind es, die das Schicksal lenken, ihrer Macht ist der Mensch preisgegeben, und Iphigenie bringt sich schließlich selbst als Sühnopfer dar. ‚Doch wer zum Opfer einmal ausersehen / von einer Gottheit ob es auch so scheint, / er habe ihrem Spruche sich entwunden: / die Moiren halten immer ihn im Blick / und bringen, wo er dann auch sich versteckt, / an den gemiednen Altar ihn zurück.'"

Die Atriden-Tetralogie. Aus: Kindlers Neues Literatur Lexikon Bd. 7, Hg. von Walter Jens. Köln: Komet Verlag 2001, S. 381.
© 1988 by Kindler Verlag GmbH München.

Neben Goethe und Hauptmann gibt es noch weitere Bearbeiter des Iphigenie-Stoffs. So z. B. die *Iphigenie im Taurerland* von Jochen Berg (1977) oder *Iphigenie in Freiheit* von Volker Braun (1992). Auch im Musiktheater existieren bekannte Bearbeitungen des griechischen Mythos, allen voran die *Iphigenie auf Tauris* von Christoph Willibald Gluck (Uraufführung 1779). Ergänzend zu Literatur und Musik kann auch das Iphigenie-Motiv in der bildenden Kunst untersucht werden (vgl. z. B. die Gemälde von Anselm Feuerbach). Im Rahmen von Referaten oder kleineren Facharbeiten können sich die Schüler/innen eines dieser Werke erarbeiten und im Kurs vorstellen.

Iphigenie*n* – Stoffvarianten vergleichen

Anselm Feuerbach (1829–1880): Iphigenie (1870)

Aufgaben

1 Wählen Sie eines der drei folgenden Themen (a, b oder c) aus:

a) Informieren Sie sich über die Bearbeitung des Iphigenie-Stoffes durch Euripides und vergleichen Sie seine Fassung mit Goethes *Iphigenie auf Tauris*. Stellen Sie dafür zunächst die Merkmale der beiden Dramen in Form einer Tabelle einander gegenüber.
Arbeiten Sie dann in Ihrem Vergleich heraus, wie Goethe den Mythos „humanisiert".

b) Informieren Sie sich über die Werke *Iphigenie in Aulis* (1944) bzw. *Iphigenie in Delphi* (1941) von Gerhart Hauptmann und vergleichen Sie seine Fassung mit der *Iphigenie* von Goethe.

c) Informieren Sie sich über weitere Bearbeitungen des antiken Iphigenie-Mythos.
Wählen Sie eine davon aus und setzen Sie sie in Beziehung zu Goethes *Iphigenie*.

2 Stellen Sie im Kurs die Hauptthesen aus Ihrer Arbeit vor und diskutieren Sie, warum der Iphigenie-Stoff über Jahrhunderte offenbar eine solche Faszination auf Schriftsteller und Künstler ausübte.

Iphigenie „reloaded" – Goethes Schauspiel als Komödie umschreiben

Diese KV soll den Schüler/innen einen anderen, unverstellten und produktiven Zugang zur Thematik des Stücks eröffnen und zur Erörterung der Frage anregen, ob „Humanität" sich auch – oder besonders gut – über die Komödie vermitteln lässt.

Erläuterungen zu Aufgabe 1

Notwendige bzw. mögliche Änderungen bei der Transformation von Goethes Schauspiel in eine Komödie sind die Aufhebung der Ständeklausel, Entmythologisierung der Handlungszusammenhänge (Zufall statt Fügung), die Verwendung einer alltagsnahen Sprache, evtl. auch von Dialekt und Soziolekt, sowie ein insgesamt aktions- und handlungsreicheres Bühnengeschehen und eine Verkürzung der Wechselreden.

Erläuterungen zu Aufgabe 2

Beispiel für einen Entwurf:

Iffi auf Mallorca
Iffi ist unglücklich. Sie leidet an einer partiellen Amnesie, seit sie vor drei Jahren am Strand von Mallorca von Thomas, dem Betreiber einer Strandbar, aufgefunden wurde. Sie kann sich nicht an ihre Identität und ihr früheres Leben erinnern, nur ein paar bruchstückhafte Kindheitserinnerungen sind ihr geblieben. Sie nennt sich selbst Iffi. Thomas hat sie aufgenommen und als Kellnerin bei sich arbeiten lassen, wo Iffi sich so gut bewährt hat, dass sie schnell zur Leiterin im Service aufgestiegen ist. Thomas hofft, dass Iffi seine heimliche Liebe zu ihr erwidert und macht ihr einen Heiratsantrag, den sie jedoch ablehnt. Thomas ist gekränkt, zumal er merkt, dass sie eine innere Verbundenheit mit dem neuen Kellner Orlando zu spüren scheint. Er beschließt daher, Orlando Drogen in seine Tasche stecken zu lassen, damit er verhaftet und vor Iffi unmöglich gemacht wird. Da Arko, der etwas einfältige Leibwächter von Thomas, sich jedoch gegenüber dem neuen Barmann Poldi, der ein Freund von Orlando ist, verplappert, geht der Plan nicht auf. Poldi, Orlando und Iffi beratschlagen sich. Poldi ist dafür, gemeinsam mit Iffi und Orlando abzuhauen und weit weg neu anzufangen. Dadurch scheinen Orlandos Probleme gelöst. Er und Poldi haben nämlich nur in Thomas Strandbar angeheuert, um ihn auszuspionieren. Dazu hat sie der Gangsterboss Apollo gezwungen, dem Orlando aufgrund von Spielschulden ausgeliefert ist. Doch Iffi zweifelt. Sie kann und will Thomas nicht hintergehen und mit Orlando fliehen, auch wenn sie das Gefühl hat, dass er sie der Aufklärung ihrer Identität näher bringen kann. Seit er da ist, werden die Erinnerungsfetzen deutlicher. Dennoch sucht sie das offene Gespräch mit Thomas. Dieser greift außer sich vor Wut zur Waffe und will Orlando töten. Beim anschließenden Schusswechsel auf dem Parkplatz wirft sich Iffi zwischen die Kämpfenden und wird verwundet. Thomas und Orlando vergessen vor Sorge um Iffi ihren Konflikt und machen sich beide schwere Vorwürfe. Im Krankenhaus stellt sich heraus, dass Orlando Iffis sehr seltene Blutgruppe A negativ hat. Sie wird gerettet und kann sich nach dem Aufwachen plötzlich wieder an alles erinnern: Orlando ist ihr jüngerer Bruder. Ihre Mutter starb bei seiner Geburt; ihr Vater, ein berüchtigter Rockerkönig, kam in Haft, als Orlando noch ein Säugling war. Iffi kam in eine Pflegefamilie und Orlando wurde von einer spanischen Familie adoptiert. Iffi wollte keinen Kontakt mehr zu ihrer Pflegefamilie und auf Mallorca ein neues Leben beginnen. Ohne Geld kam sie als blinde Passagierin auf einem Fährschiff unter. Kurz vor der Küste havarierte das Schiff und Iffi ging über Bord. Noch am Krankenbett wiederholt Thomas seinen Heiratsantrag und diesmal sagt Iffi – die eigentlich Sonja heißt – glücklich ja. Thomas bezahlt Orlandos Spielschulden und die Familie lebt glücklich auf der Insel.

Erläuterungen zu Aufgabe 3

Im Zuge der Auswertung sollte die Frage diskutiert werden, ob die Komödie eine geeignete Gattung für die Vermittlung des Themas „Humanität" sein kann. Goethe selbst hat dem bei Euripides noch tragisch ausgestalteten Stoff seinen tragischen Ausgang genommen, weil dies seiner didaktischen Absicht entgegenkam. Wäre da die Transformation zur Komödie nicht konsequent? Im Anschluss an diese Diskussion ließe sich zur Vertiefung der Komödienbegriff Dürrenmatts erarbeiten, welchen er in seinen poetologischen Texten *Theaterprobleme* und *21 Punkte zu den Physikern* dargelegt hat.

Iphigenie „reloaded" – Goethes Schauspiel als Komödie umschreiben

Die Komödie

Werden in der Tragödie „handelnde Menschen" (Aristoteles' Poetik zum Drama) in tragischen, unlösbaren Konflikten gezeigt, die in jeder Sekunde ihres Handelns um dessen Aussichtslosigkeit wissen, so werden in der Komödie Menschen gezeigt, die sich in einem lösbaren Konflikt befinden, aber nicht unbedingt von dieser Lösbarkeit wissen. Sie sind faktisch dem Schicksal überlegen, obwohl die dargestellten Konflikte ebenso aussichtslos erscheinen wie in der Tragödie. Wie gelingt die Lösung der Konflikte? a) durch Zufall, b) durch persönliche Schläue oder Dummheit des „Helden" oder c) durch persönliche Schläue oder Dummheit des Gegners des „Helden". Warum ist die Komödie aber „komisch", wenn sie doch ähnlich ernste Konflikte zeigt wie die Tragödie? Einerseits natürlich durch die Zeichnung der Charaktere, denn weder „Schläue" noch „Dummheit" sprechen für einen besonders edlen Charakter, andererseits wird die Komödie komisch durch eine übertriebene, geradezu groteske Darstellung des Konflikts.
Bis in die Mitte des 18. Jahrhunderts informierte schon die Liste der auftretenden Personen den Zuschauer darüber, ob er lachen oder weinen sollte. War das Drama mit bürgerlichen Figuren oder gar Bauern und Dienern bestückt, konnte es sich nur um eine Komödie handeln, war es mit adeligen Helden versehen, konnte es nur eine Tragödie sein. Diese so genannte „Ständeklausel" geht zurück auf die Poetik Aristoteles', der die Darstellung der schlechteren Menschen der Komödie überließ, die Tragödie hingegen für die besseren Menschen reservierte. […]

Aus: Reinhardt-Becker, Elke: Monolog. In: Einladung zur Literaturwissenschaft. Ein Internetvertiefungsprogramm zum Selbststudium. http://www.uni-due.de/einladung/Vorlesungen/dramatik/komoedie.htm (Stand: 19.12.2013)

Johann Wolfgang Goethe **Iphigenie auf Tauris** Ein Schauspiel	**Autoren:** **Titel:** Eine Komödie
Personen **IPHIGENIE** **THOAS**, König der Taurer **OREST** **PYLADES** **ARKAS** **Schauplatz:** Hain vor Dianens Tempel **Erster Aufzug** *Erster Auftritt* **IPHIGENIE:** Heraus in eure Schatten, rege Wipfel …	**Personen** **IFFI** **THOMAS**, Strandbarbetreiber **ORLANDO** **POLDI** **ARKO** **Schauplatz:** Parkplatz vor einer Hotelanlage **Erster Aufzug** *Erster Auftritt* **IFFI:** Oh Mann, …

Aufgaben

1 Lesen Sie die literaturwissenschaftliche Kurzdefinition der Komödie. Halten Sie in Stichpunkten fest, welche inhaltlichen und sprachlichen Änderungen Sie vornehmen müssten bzw. könnten, um Goethes Schauspiel in eine Komödie umzuschreiben.

2 Verfassen Sie einen Entwurf für eine Komödie über *Iphigenie auf Tauris* (Titel, Figuren, Schauplatz, Handlungsverlauf). Sie können die Stichpunkte in der rechten Spalte als Anregung nutzen.

3 Diskutieren Sie Ihren Entwurf im Kurs.

„Heldenseele[n] in einem Weiberkörper"? – Frauenfiguren vergleichen

Mit dieser KV soll ein aspektorientierter Vergleich mit zwei weiteren dramatischen Texten der Jahrhundertwende vom 18. zum 19. Jahrhundert angeregt werden. Im Zentrum der Betrachtung stehen dabei die weiblichen Haupt- und Titelfiguren der Schauspiele von Schiller, Kleist und Goethe. Die drei Titelheldinnen bedeutender Dramen des Epochenumbruchs um 1800 setzen sich auf unterschiedliche Weise mit dem Geschlechterverhältnis auseinander, kritisieren (Iphigenie), konterkarieren (Johanna) oder sprengen dieses (Penthesilea). Damit ist – neben den Komplexen „Gewalt vs. Gewaltlosigkeit", „familiäre vs. freundschaftliche Bindung" und „Pflicht vs. Neigung" – ein zentraler Vergleichsaspekt für eine vertiefende Betrachtung dieser Texte, z. B. im Rahmen einer Fach- oder Projektarbeit, gegeben.

Erläuterungen zu Aufgabe 2

	Iphigenie	Johanna	Penthesilea
sozialer Status	Königstochter, in der Fremde auf Tauris geachtete Priesterin, vom König geschätzt	Bauerntochter, aufgrund einer göttlichen Mission von den Franzosen zum Idol erhoben, bei den Engländern verhasst	Königin der Amazonen
familiäre Beziehungen	hohe Bedeutung der Familie, Sehnsucht nach der Familie, keinerlei Vorwurf gegenüber dem Vater, der sie um des Kriegsglücks willen opfern wollte	Vater glaubt nicht an ihre Sendung und hält Johanna für anmaßend; er bezichtigt sie öffentlich der Hexerei; Johanna fühlt Verbundenheit zur Familie, ihre Mission ist jedoch bedeutsamer	keine lebenden Verwandten, Mutter sagte ihr auf dem Totenbett teilweise ihr Schicksal voraus; schwesterliche Beziehung zu den anderen Amazonen
Amt/Tätigkeit	Priesterin der Diana, die jedoch, anders als der hergebrachte Ritus es vorschreibt, keine Menschenopfer vollzieht	göttliche Mission, Frankreich von den Engländern zu befreien; Kriegerin, aber auch Mittlerin zwischen dem Königssohn und einem seiner Fürsten	Königin der Amazonen und oberste Heerführerin
Verhältnis zum anderen Geschlecht	Jungfrau, die ihre Unabhängigkeit bewahren will und den Antrag von König Thoas ablehnt	Jungfrau, die als heilige Kriegerin einem Liebesverbot unterliegt und mehrere bedeutende Männer abweist; verliebt sich jedoch während des Kampfes in ihren ärgsten Widersacher, besinnt sich jedoch später wieder ihrer göttlichen Mission	verliebt sich, entgegen dem Amazonengesetz, in den griechischen Helden Achill und versucht, diesen zu bezwingen, um ihn gemäß dem Brauch besitzen zu dürfen; sie unterliegt jedoch und tötet ihn im Zustand der Raserei; als sie dies realisiert, geht sie an ihrem Schmerz zugrunde
Ende der Figur im Stück	Versöhnung mit Thoas, glückliche Heimfahrt nach Griechenland	tödliche Verwundung in der Schlacht, Verklärung, bevor sie stirbt	Suizid

Erläuterungen zu Aufgabe 3

Der Versuch, Kleists Ausspruch auf die literarischen Frauenfiguren anzuwenden, führt zu einer Problematisierung des Heldenbegriffs: Sind „Held" und „Weib" gegensätzliche Begriffe wie „Seele" und „Körper" es sind? Kann es heldenhafte Seelen in „unheldenhaften" Körpern geben und umgekehrt? Macht die gelungene Heldentat erst den Helden oder bereits der mutige Versuch? Bei der Diskussion wird deutlich, dass die Zuschreibung des Heldischen von den jeweils gültigen gesellschaftlichen Idealvorstellungen abhängt. So mag dem einen die aufrichtige, risikobereite und friedfertige, dabei letztlich erfolgreiche Iphigenie heldenhafter erscheinen als die rasende Penthesilea, deren Leidenschaft ihr und ihrem Geliebten zum Verhängnis wird. Für viele erfüllt vermutlich am ehesten Johanna das Bild der Heldin: Ohne Rücksicht auf ihr eigenes Leben wirft sie sich einem übermächtigen Feind entgegen und findet nach vielen Erfolgen den Tod durch ihre Feinde, während ihr Vorbild weiterhin wirksam bleibt.

„Heldenseele[n] in einem Weiberkörper"? – Frauenfiguren vergleichen

Nicht nur Goethe hat mit seiner *Iphigenie auf Tauris* eine weibliche Haupt- und Titelfigur für eines seiner Dramen gewählt, auch andere Autoren des Epochenumbruchs um 1800 haben historische bzw. mythologische Frauenfiguren ins Zentrum von Dramenhandlungen gestellt. Prominente Beispiele hierfür sind Friedrich Schillers *Jungfrau von Orleans* (1801) und Heinrich von Kleists *Penthesilea* (1808).

In raues Erz sollst du die Glieder schnüren,
Mit Stahl bedecken deine zarte Brust,
Nicht Männerliebe darf dein Herz berühren,
Mit sündgen Flammen eitler Erdenlust,
Nie wird der Brautkranz deine Locke zieren,
Dir blüht kein lieblich Kind an deiner Brust,
Doch werd ich dich mit kriegerischen Ehren,
Vor allen Erdenfrauen dich verklären.

Aus: Friedrich Schiller: Die Jungfrau von Orleans

Er naht – wohlauf, Ihr Jungfraun, denn zur Schlacht! –
Reicht mir der Spieße treffendsten, o reicht
Der Schwerter wetterflammendstes mir her!
Die Lust, ihr Götter, müsst ihr mir gewähren,
Den einen heißersehnten Jüngling siegreich
Zum Staub mir noch der Füße hinzuwerfen.

Aus: Heinrich von Kleist: Penthesilea

O trüg ich doch ein männlich Herz in mir,
Das, wenn es einen kühnen Vorsatz hegt,
Vor jeder andern Stimme sich verschließt!

Aus: Johann Wolfgang Goethe: Iphigenie auf Tauris

Aufgaben

1 Notieren Sie, welches Bild von den Protagonistinnen der drei Dramen die kurzen Textauszüge bei Ihnen erzeugen und welche Erwartungen die Zitate bei Ihnen wecken.

2 Informieren Sie sich über den Inhalt der *Jungfrau von Orleans* und der *Penthesilea.* Vergleichen Sie die drei Hauptfiguren (Johanna von Orleans, Penthesilea und Iphigenie) hinsichtlich ihres sozialen Status, ihrer Tätigkeit, ihrer familiären Bindungen, ihres Verhältnisses zum anderen Geschlecht und ihres Schicksals am Ende des jeweiligen Dramas.

3 Kleist bezeichnete seine Schwester Ulrike in einem Brief einmal als eine „Heldenseele in einem Weiberkörper". Erörtern Sie, ob diese Bezeichnung auf die drei weiblichen Protagonistinnen passt.

„I phigenie"?! – Eine Kulturmarketingkampagne entwerfen

Durch diese KV werden die Schüler/innen dazu aufgefordert, das Stück, das manche bei der Lektüre vielleicht als antiquiert und lebensfern empfunden haben, auf zeitlose bzw. moderne Aspekte hin zu überprüfen und für den Text zu werben. Diese Aufgabe eignet sich als Projektarbeit, da das Lernen hinsichtlich Arbeitsprozess und Arbeitsergebnis weitgehend selbstgesteuert und kooperativ abläuft, andererseits der Regelunterricht in den meisten Fällen nicht die räumlichen, zeitlichen und technischen Möglichkeiten bieten kann, die für eine ambitionierte Bearbeitung erforderlich sind.

Die Aufgaben sollten – der teamorientierten Arbeitsweise in Marketingagenturen entsprechend – in Gruppenarbeit angegangen werden, wobei immer wieder Einzelarbeitsphasen von der Lehrkraft oder nach Entscheidung der Schülergruppen integriert werden können. Hierzu bieten sich vor allem die Aufgaben 1 und 2 an.

Erläuterungen zu Aufgabe 1

Bereits die Suche nach einem ansprechenden Untertitel kann eine Gruppe lange beschäftigen, zumal damit auch die Entscheidung verbunden ist, welchen Aspekt des Stücks man herausstellen möchte. Unter Umständen kann aus Marketing-Gründen auch ein Aspekt herausgestellt werden, der zwar interessant erscheint, jedoch den Kern des Stücks nicht trifft. Einige Beispiele für mögliche Untertitel sind:

Iphigenie auf Tauris – Die Insel der Menschenopfer

Iphigenie auf Tauris – Und nichts als die Wahrheit

Iphigenie auf Tauris – Eine Frau geht ihren Weg

Iphigenie auf Tauris – Der Fluch der Götter

Erläuterungen zu Aufgabe 2

Die Information kann – je nach Anspruch und Zeitrahmen – über verschiedene Quellen erfolgen. Einführungen in das Marketing können, müssen aber nicht herangezogen werden. Viele Deutschbücher, z. T. auch aus der Sekundarstufe I, bieten ebenso eine Fülle von Informationen wie das Internet (z. B. unter www.wirtschaftslexikon.gabler.de).

Erläuterungen zu Aufgabe 3

Es sollte im Vorfeld entschieden werden, welche technischen, räumlichen und zeitlichen Möglichkeiten zur Verfügung stehen. Ein Radiospot muss z. B. nicht notwendigerweise aufgezeichnet werden; er kann z. B. auch im Rücken der anderen Kursteilnehmer/innen gesprochen werden.

Erläuterungen zu Aufgabe 4

Interessant an der Diskussion ist es, auf Grundlage welcher Kriterien die Schüler/innen das „gelungenste" Arbeitsergebnis bestimmen, z. B. nach ästhetischem Eigenwert des Beitrags, nach der erregten Aufmerksamkeit oder dem Informationsgehalt. Die Verständigung über Kriterien, die eine gelungene Werbung ausmachen, knüpft an die Diskussion an, die zuvor vermutlich auch in den Arbeitsgruppen geführt wurde, und leitet zur Fragestellung von Aufgabe 5 über.

„I phigenie"?! – Eine Kulturmarketingkampagne entwerfen

Marketing

Der Grundgedanke des Marketings ist die konsequente Ausrichtung des gesamten Unternehmens an den Bedürfnissen des Marktes. Heutzutage ist es unumstritten, dass auf wettbewerbsintensiven Märkten die Bedürfnisse der Nachfrager im Zentrum der Unternehmensführung stehen müssen. Marketing stellt somit eine unternehmerische Denkhaltung dar. Darüber hinaus ist Marketing eine unternehmerische Aufgabe, zu deren wichtigsten Herausforderungen das Erkennen von Marktveränderungen und Bedürfnisverschiebungen gehört, um rechtzeitig Wettbewerbsvorteile aufzubauen. [...] Darüber hinaus besteht eine weitere zentrale Aufgabe des Marketingmanagements darin, Möglichkeiten zur Nutzensteigerung zu identifizieren und den Nutzen für Kunden nachhaltig zu erhöhen. [...]
Marketingstrategien: Zur Erreichung der Ziele eines Unternehmens werden Marketingstrategien entwickelt, die operativ mithilfe der Marketing-Instrumente (die sog. 4P) umgesetzt werden. Dabei handelt es sich um die Instrumente Produkt-/Leistungs- (Product), Preis- (Price), Kommunikations- (Promotion) und Vertriebspolitik (Place). [...]
Die Kommunikationspolitik umfasst alle Maßnahmen, die der Kommunikation zwischen Unternehmen und ihren aktuellen und potenziellen Kunden, Mitarbeitern und Bezugsgruppen dienen. Zu diesem Zweck werden z. B. die Kommunikationsinstrumente der klassischen Mediawerbung, Direct Marketing, Verkaufsförderung, Sponsoring, Public Relations (PR), Messen und Events eingesetzt.

Aus: Kirchgeorg, Manfred: Marketing [Artikel].
In: Gabler Wissenschaftslexikon online.
In: http://wirtschaftslexikon.gabler.de/Definition/marketing.html.
(Stand: 19.12.2013)

Aufgaben

Stellen Sie sich vor, Sie arbeiten in einer Marketingagentur und erhalten den Auftrag, für Goethes Schauspiel *Iphigenie auf Tauris* zu werben. Entwerfen Sie eine Marketingkampagne. Gehen Sie dabei folgendermaßen vor:

1 Führen Sie ein Brainstorming durch und suchen Sie zunächst nach einem ansprechenden Untertitel für Ihre Kampagne. Halten Sie Ihre Ideen in Stichpunkten fest.

2 Informieren Sie sich über verschiedene Formen des sogenannten „Direct Marketing" (Werbung in klassischen Medien).

3 Gestalten Sie verschiedene Bestandteile Ihrer Kampagne, z. B. Plakate, Flyer, Radiospots etc.

4 Stellen Sie sich im Kurs gegenseitig Ihre Arbeitsergebnisse vor und diskutieren Sie, welches Sie am gelungensten finden.

5 Diskutieren Sie vor dem Hintergrund der o. a. Definition und Ihrer Arbeitsergebnisse darüber, ob Kultur ein Gegenstand modernen Marketings sein kann bzw. soll.

Klausurvorschlag I: Sachtextanalyse mit weiterführendem Schreibauftrag

Voraussetzung für die Bearbeitung von Aufgabe 2 ist die Bearbeitung von Immanuel Kants Schrift *Über ein vermeintes Recht, aus Menschenliebe zu lügen*. Diese findet sich auf der KV *Und nichts als die Wahrheit! – Immanuel Kants Begriffe von Lüge und Wahrheit erörtern*.

Erläuterungen zu Aufgabe 1

Borchmeyer deutet im vorliegenden Auszug *Iphigenie auf Tauris* als Auseinandersetzung der widerstreitenden Prinzipien des „Weiblichen" bzw. Matriarchalischen einerseits und des „Männlichen" bzw. Patriarchalischen andererseits. Sein Gedankengang, wie er im vorliegenden Auszug wiedergegeben ist, ist folgendermaßen aufgebaut:
Den erzwungenen Aufenthalt auf Tauris erlebt Iphigenie als Verlust von Autonomie, den sie wiederum als Fortsetzung der aufgrund ihres Geschlechts bestehenden generell eingeschränkten Selbstbestimmung empfindet. Diese Geschlechterordnung lehnt sie vom Grundsatz her ab, weswegen sie auch keine Ehe eingehen will. Das Autonomiestreben Iphigenies hat laut Borchmeyer „ethische, religiöse und politische Aspekte".
Während Iphigenie zu Beginn aufgrund ihrer Rettung durch Diana hofft, dass die Götter auch ihrer Familie beistehen, muss sie durch die Nachrichten, die Orest und Pylades bringen, und ihr drohendes Schicksal, zur Mörderin ihres Bruders zu werden (oder gegen ihre Wahrheitsliebe zu handeln, stehlen und lügen zu müssen), erkennen, dass die Götter noch immer ein grausames Spiel mit den Tantaliden treiben.
Würde Iphigenie lügen und Thoas hintergehen, so würde sie gerade dadurch ihre Disposition zum Bösen zeigen und den Fluch gewissermaßen bestätigen. Hier liegt eine Parallele zur jüdisch-christlichen Vorstellung der Erbsünde, welche mit dem Menschenbild der Aufklärung überkreuz liegt. Iphigenie sucht nach einem eigenen Weg zur „Entsühnung". Goethe lässt Iphigenie gemäß seiner aufgeklärten Überzeugung, nur Wahrheit bringe den Frieden, konsequent aufrichtig handeln. Konstruiert wird der Gegensatz zwischen Wahrheit und Lüge bzw. Aufrichtigkeit und listiger Täuschung als Gegensatz zwischen weiblich und männlich.
Der Tantaliden-Stoff sei bei den antiken Tragödiendichtern als Kampf der alten matriarchalischen Ordnung, vertreten durch die Erinnyen, und der neuen patriarchalischen Ordnung, vertreten durch den am Ende erfolgreichen Orest, zu verstehen. Bei Goethe hingegen würde das männliche Prinzip als unterlegen gegenüber dem weiblichen dargestellt, da nur Letzteres eine unblutige und dauerhafte Lösung des Fluchs herbeiführt. Schließlich wird dieses neue Prinzip im Stück durch den Götterwillen legitimiert, wenn sich herausstellt, dass mit der „Schwester" nicht das Standbild, sondern Iphigenie selbst gemeint war und die Götter den Raub nie wollten. Nicht nur die Welt der Menschen, auch die der Götter folgt also dem neuen weiblichen Prinzip und steht nun im Einklang mit den Maßstäben menschlicher Moral.

Erläuterungen zu Aufgabe 2

Iphigenies Situation korrespondiert mit dem Beispiel, das bei Kant problematisiert wird: Kants Text postuliert ein absolutes Wahrheitsgebot, da man die Folgen seines Handelns nicht abschätzen könne und daher auch für negative Auswirkungen der Wahrheit nicht verantwortlich sei.
Bezogen auf Iphigenie bedeutet dies, dass für sie zwar anhand ihrer Möglichkeiten der menschlichen Erkenntnis die Lüge eigentlich geboten wäre, um sich und die Griechen zu retten, dass sie sich aber aus Prinzip gegen die Lüge und für die Wahrheit entscheidet. Am Ende des Dramas stellt sich heraus, dass gerade dies zur Lösung des Konflikts und des Fluchs führt.

Erläuterungen zu Aufgabe 3

Borchmeyers Argumentation ist in sich schlüssig und durchaus überzeugend. In Frage stellen kann man allerdings, dass die Gegenüberstellung des Mythos in seiner archaischen bzw. antiken Form einerseits und der Neugestaltung durch Goethe andererseits über das Begriffspaar „Weiblich – Männlich" erfolgt. Der Gegensatz ist zweifellos ein Thema des Stücks, man kann jedoch diskutieren, ob er die übergeordnete Idee des Textes darstellt.

Klausurvorschlag I: Sachtextanalyse mit weiterführendem Schreibauftrag

Dieter Borchmeyer: Iphigenie auf Tauris

[Die Fremde] bedeutet für Iphigenie den Verlust „selbstbewussten Lebens", der Selbstbestimmung ihrer Person. Die Situation des Exils wird für sie identisch mit der herkömmlichen Rolle der Frau, gegen die sie immer wieder aufbegehrt. „Ich bin so frei geboren als ein Mann." Der Schutzwall ihrer Selbstbestimmung ist ihre Jungfräulichkeit. Sie verwirft die Ehe mit dem Taurerkönig Thoas, weil sie durch diese Bindung für immer von der Heimat ferngehalten würde und weil sie sich überhaupt gegen die Rolle der Frau im weithin glück- und ehrlosen Schatten des Mannes sträubt. Die entschlossene Selbstbewahrung ihrer Person prägt ihr Verhältnis zu Göttern wie Menschen, hat ethische, religiöse wie politische Aspekte. [...]

Iphigenie wähnt sich lange in gänzlichem Einvernehmen mit den Göttern, glaubt, dass diese ihre Familie, ihren Vater Agamemnon, ihre Mutter und Geschwister ebenso glücklich bewahrt haben, wie Diana sie selber gerettet hat. Zug um Zug wird indessen dieser optimistische Glaube zunichte gemacht. [...] Und nun soll sie auch noch [...] König Thoas vorlügen, das Kultbild der Diana, der Schwester Apolls, müsse ans Meer gebracht werden, um dort kultisch gereinigt zu werden – in Wirklichkeit: damit die Griechen es rauben können. [...] Als Iphigenie also durch die von ihr verlangte Lüge ebenfalls in den Zwangszusammenhang des Verbrechens ihrer Vorfahren hineingezogen zu werden droht, erwacht ihr Zweifel am sinnvollen Walten der Götter. [...] Sollte die „taube Not" Iphigenie jedoch zum Verbrechen des Kultbildraubs und zum Betrug des Königs zwingen, dann wäre der Beweis für die Unentrinnbarkeit des Tantalidenfluchs, für die Vorherbestimmung auch Iphigenies zum Bösen erbracht. Dieser Fluch ist ein Symbol der Erbsünde, welche die Aufklärung als größtes theologisches Ärgernis empfunden hat, da sie eine Barriere ist, welche den Weg zur menschlichen Selbstbestimmung versperrt. Iphigenie sucht deshalb aus eigener Kraft, auf autonom menschlichem Wege den mythischen Erbzwang, die Kettenfolge des Verbrechens unter den Nachfahren des Tantalus aufzuheben. Das ist mit dem Begriff der „Entsühnung" des Tantalidenhauses gemeint. [...]

Die Bedingung der „Entsühnung" ist „Reinheit". Deshalb würde die Lüge den Sinn der Existenz Iphigenies zerstören! Diese eminente Bedeutung des Wahrheitsproblems verbindet Iphigenie mit Immanuel Kants Schrift *Über ein vermeintes Recht, aus Menschenliebe zu lügen* (1797) und seinem Traktat *Zum ewigen Frieden* (1795). Im Gegensatz zur höfisch-absolutistischen Verstellung werden hier Wahrheit und Aufrichtigkeit als „beste Politik" postuliert. Sie allein ermöglichen den ewigen Frieden, während die Verstellung den Krieg ins Unendliche fortsetzt. Allein Wahrheit ist Friede! Das ist die gemeinsame Grundüberzeugung Kants und Goethes. Was Iphigenie über Kants Traktat *Zum ewigen Frieden* aber hinaushebt, ist die Begründung von Wahrheit und Friede im „Ewig Weiblichen". „Gewalt und List, der Männer höchster Ruhm" [...] „Wird durch die Wahrheit dieser hohen Seele / Beschämt", heißt es am Schluss der letzten Rede Orests.

Seit Bachofens epochemachendem Buch über das Mutterrecht (1861) ist der Atridenmythos, so wie ihn die *Orestie* von Aischylos dargestellt hat, als Kampf der untergehenden mutterrechtlichen Ordnung – deren Schützerinnen die Erinnyen seien – mit dem in der Heroenzeit aufkommenden und endlich siegenden Vaterrecht gedeutet worden. Anders das mythologische Modell von Goethes *Iphigenie*: Hier weichen die Erinnyen [...] nicht einem männlichen, sondern einem weiblichen Recht [...]. Die Lösung des Konflikts und des dramatischen Knotens überhaupt bringt erst die – von Goethe erfundene – „Aufklärung" des Orakelspruchs, demzufolge sich dieser nicht auf das Kultbild der Schwester Apolls, sondern auf die Schwester Orests bezieht. Durch diese Umdeutung des Orakels wird der Einklang des göttlichen Gebots mit den Maßstäben menschlicher Moralität endgültig hergestellt.

Aus: http://www.goethezeitportal.de/wissen/dichtung/schnellkurs-goethe/klassische-dramatik.html (Stand: 19.12.2013)

Aufgaben

1 Analysieren Sie den Text von Dieter Borchmeyer.

2 Erläutern Sie seine Bezugnahme auf Kants *Über ein vermeintes Recht, aus Menschenliebe zu lügen.*

3 Beziehen Sie kritisch Stellung zu den Thesen Borchmeyers.

Klausurvorschlag II: Analyse eines literarischen Textes

Erläuterungen zu Aufgabe 1

Der Auszug stellt eine Auseinandersetzung zwischen Iphigenie und Pylades über Lüge und Wahrheit dar. Pylades versucht, Iphigenie von seinem Fluchtplan zu überzeugen, während Iphigenie ihre Zweifel an der moralischen Richtigkeit seines Vorgehens äußert.
Pylades versteht Iphigenies „Sorge" und „Bangigkeit" (V. 1636 f.) als Furcht vor der drohenden Gefahr und will darüber hinweggehen. Während Iphigenie Skrupel äußert, Thoas zu hintergehen, der ihr gegenüber ein „zweiter Vater ward" (V. 1641), betont Pylades die grausame Seite des Königs und versucht, diesen in ein schlechtes Licht zu rücken. In einem schnellen Wortwechsel verteidigt Iphigenie ihre Haltung als natürliche und berechtige Herzensempfindung, während Pylades ihr nachzuweisen versucht, dass ihr moralischer Rigorismus nur heimlichem Stolz entspringe (V. 1645–52). Er bricht dies jedoch ab und wirft ihr stattdessen vor, sie habe aufgrund ihres zurückgezogenen Tempeldienstes keine Lebenserfahrung und könne es sich auch nur in dieser Zurückgezogenheit leisten, so hohe moralische Prinzipien zu pflegen (V. 1653–1660). Als nächstes argumentiert er mit der Schicksalsgebundenheit des Menschen, der nicht geeignet sei, sich „selbst zu richten" (V. 1660). Man solle einfach versuchen, durchs Leben zu kommen und nicht zu viel grübeln. In ihrer Situation hätten sie ohnehin keine Wahl. Zwar gesteht er Iphigenie Gefühle der Dankbarkeit und Loyalität gegenüber Thoas zu, will diese jedoch in der Not nicht gelten lassen. Er kann nicht verstehen, wieso Iphigenie, wenn es um das nackte Überleben geht, „ein falsches Wort nicht einmal opfern" (V. 1676) will. Iphigenie reagiert darauf mit einer sarkastischen Äußerung, die den Mentalitätsunterschied zwischen ihr und Pylades als grundsätzlichen Gegensatz zwischen Frauen und Männern erklärt und gleichzeitig ausdrückt, dass eine weitere Diskussion müßig sei, da sie eben unterschiedlich empfinden würden: „O trüg ich doch ein männlich Herz in mir, / Das, wenn es einen kühnen Vorsatz hegt, / Vor jeder andern Stimme sich verschließt!" (V. 1677 ff.).
Iphigenie und Pylades treten hier als Antagonisten auf, wobei Pylades Pragmatismus, Schicksalsergebenheit und Abgeklärtheit verkörpert, Iphigenie hingegen Idealismus, Autonomie und Reinheit. Pylades argumentiert mit vermeintlichen Sachzwängen, Iphigenie mit ihrem Herzen bzw. Gefühl. Bei ihr sind vernünftiges Handeln im Sinne der Aufklärung und Fühlen im Einklang. Pylades lässt sich zu leidenschaftlicher Rede hinreißen, wohingegen Iphigenie nicht derartig aus der Rolle fällt, sondern bei aller Erregung beherrscht und gemessen bleibt. Insofern verkörpert Iphigenie in weiten Teilen das klassische Ideal.

Erläuterungen zu Aufgabe 2

In diesem Auszug zeigt sich Iphigenie als aufrichtiger, loyaler und harmonieorientierter Mensch, der aus der Überzeugung handelt, aus List und Betrug könne nichts Gutes entstehen. Diese Haltung entspricht ihrem Wesen, dennoch musste sie sich erst dazu durchringen, sie auch unter den gegebenen Umständen zu vertreten. Iphigenies Haltung erscheint hier gegenüber Pylades Standpunkt moralisch überlegen. Allerdings ist dieser moralische Rigorismus in gewisser Weise „skrupellos", bedeutet er im schlimmsten Fall nicht nur Iphigenies Ende, sondern auch das von Orest, Pylades und der anderen Griechen, über deren Köpfe hinweg Iphigenie handelt.
Auch erweist sich Iphigenie nicht in allen Situationen so konsequent uneigennützig und an der Durchsetzung einer höheren Moral orientiert: So gelingt es ihr weder, den Dienst für Diana auf Tauris als willkommene Pflicht aufzufassen, noch echte Dankbarkeit gegenüber Diana oder den Taurern zu empfinden. Thoas Antrag lehnt sie ab, obwohl Arkas sie mit Blick auf die „humanisierende" Wirkung, die Iphigenie auf Thoas ausübt, im Namen seines Volkes darum bittet. In beiden Situationen „erlaubt" sich Iphigenie, ihrem Gefühl zu folgen.

Klausurvorschlag II: Analyse eines literarischen Textes

Vierter Aufzug, Vierter Auftritt

IPHIGENIE: Verzeih! Wie leichte Wolken vor der Sonne,
So zieht mir vor der Seele leichte Sorge
Und Bangigkeit vorüber.
PYLADES: Fürchte nicht!
Betrüglich schloss die Furcht mit der Gefahr
Ein enges Bündnis: Beide sind Gesellen.
IPHIGENIE: Die Sorge nenn ich edel, die mich warnt,
Den König, der mein zweiter Vater ward,
Nicht tückisch zu betrügen, zu berauben.
PYLADES:
Der deinen Bruder schlachtet, dem entfliehst du.
IPHIGENIE: Es ist derselbe, der mir Gutes tat.
PYLADES: Das ist nicht Undank, was die Not gebeut.
IPHIGENIE:
Es bleibt wohl Undank; nur die Not entschuldigt's.
PYLADES: Vor Göttern und vor Menschen dich gewiss.
IPHIGENIE: Allein mein eigen Herz ist nicht befriedigt.
PYLADES: Zu strenge Fordrung ist verborgner Stolz.
IPHIGENIE: Ich untersuche nicht, ich fühle nur.
PYLADES: Fühlst du dich recht, so musst du dich verehren.
IPHIGENIE: Ganz unbefleckt genießt sich nur das Herz.
PYLADES: So hast du dich im Tempel wohl bewahrt;
Das Leben lehrt uns, weniger mit uns
Und andern strenge sein; du lernst es auch.
So wunderbar ist dies Geschlecht gebildet,
So vielfach ist's verschlungen und verknüpft,
Dass keiner in sich selbst noch mit den andern
Sich rein und unverworren halten kann.
Auch sind wir nicht bestellt uns selbst zu richten;
Zu wandeln und auf seinen Weg zu sehen
Ist eines Menschen erste, nächste Pflicht:
Denn selten schätzt er recht, was er getan,
Und was er tut, weiß er fast nie zu schätzen.
IPHIGENIE: Fast überredst du mich zu deiner Meinung.
PYLADES: Braucht's Überredung, wo die Wahl versagt ist?
Den Bruder, dich und einen Freund zu retten
Ist nur ein Weg: Fragt sich's, ob wir ihn gehn?
IPHIGENIE: O lass mich zaudern! Denn du tätest selbst
Ein solches Unrecht keinem Mann gelassen,
Dem du für Wohltat dich verpflichtet hieltest.
PYLADES: Wenn wir zu Grunde gehen, wartet dein
Ein härtrer Vorwurf, der Verzweiflung trägt.
Man sieht, du bist nicht an Verlust gewohnt,
Da du, dem großen Übel zu entgehen,
Ein falsches Wort nicht einmal opfern willst.
IPHIGENIE: O trüg ich doch ein männlich Herz in mir,
Das, wenn es einen kühnen Vorsatz hegt,
Vor jeder andern Stimme sich verschließt!

PYLADES: Du weigerst dich umsonst; die ehrne Hand
Der Not gebietet und ihr ernster Wink
Ist oberstes Gesetz, dem Götter selbst
Sich unterwerfen müssen. Schweigend herrscht
Des ew'gen Schicksals unberatne Schwester.
Was sie dir auferlegt, das trage: Tu,
Was sie gebeut! Das andre weißt du. Bald
Komm ich zurück, aus deiner heil'gen Hand
Der Rettung schönes Siegel zu empfangen.

Aus: Goethe, Johann Wolfgang: Iphigenie auf Tauris. Berlin: Cornelsen Schulverlage GmbH, V. 1635–1688

Aufgaben

1 Analysieren Sie den vorliegenden Auszug aus Goethes *Iphigenie auf Tauris*.

2 Beurteilen Sie, ausgehend von dem vorliegenden Auszug und vor dem Hintergrund Ihrer Kenntnisse des Schauspiels, das Handeln der Figur Iphigenie in moralischer Hinsicht.